KB203920

흔들어
보기도 하고
거꾸로 쏟아
보기도 하고

흔들어 보기도 하고
거꾸로 쏟아 보기도 하고

2018년 4월 30일 초판 1쇄 발행
2024년 2월 1일 초판 6쇄 발행

지은이 박영선
기획 강동현, 강선
편집 문선형, 정유진
디자인 잔
제작 강동현
펴낸이 최태준
펴낸곳 무근검
주소 서울특별시 송파구 올림픽로 4길 17, A동 301호
홈페이지 www.facebook.com/lampbooks
전화 02-420-3155 **팩스** 02-419-8997
등록 2014. 2. 21. 제2014-000020호
ISBN 979-11-87506-10-2 (03230)

이 도서의 국립중앙도서관 출판시도서목록(CIP)은
서지정보유통지원시스템 홈페이지 (http://seoji.nl.go.kr)와 국가자료공동목록
시스템(http://www.nl.go.kr/kolisnet)에서 이용하실 수 있습니다.
(CIP제어번호 : CIP2018010432)

자라나는 모든 사람들에게

흔들어
보기도 하고
거꾸로 쏟아
보기도 하고

박영선 지음

어떤 문제나 생각에서 핵심을 간파해 내는 실력은 중요합니다. 이러한 실력을 안목이라고 합니다. 안목이 필요한 이유는 인생에서 위기와 도전에 부딪혔을 때 적절하고 책임 있게 반응할 수 있기 위해서입니다.

안목은 어떻게 생기는 것일까요. 축적된 선대의 교훈에 자신의 경험이 어우러질 때 생깁니다. 현실에서 교훈을 체감하고 몸소 시행착오를 겪다 보면 어느덧 성숙한 인생으로 익어 가게 됩니다. 넉넉한 인격과 온유한 성품으로 깊은 인간관계를 맺어 가는 멋있는 인생이 되는 것입니다.

이렇듯 성숙한 인생을 살아가기 위해서는 밟아야 하는 과정이 있습니다. 이 과정은, 한참 이 길을 걷고 있는 중에는 왜 걸어야 하는지 잘 보이지 않습니다. 그래서 흔들어 보기도 하고 거꾸로 쏟아 보기도 합니다. 그리고 긴 시간이 흐르고 나면, 왜 하나님이 그 과정을 허락하셨는지 깨닫게 됩니다.

청년으로 살아가는 것은 쉽지 않습니다. 하지만 어렵다고 외면하거나 도망가는 것으로 자기 인생을 변명해서는 안 됩니다. 후회하고 분노하더라도 그 시간들을 몸소 겪어 나가십시오. 그 과정을 지날 때 맺히는 열매가 있다는 사실을 기억하여 진지하게 이 시간을 살아 내기 바랍니다.

2018년 봄
박영선

인생들을 사랑하시는 하나님의 진리 안에서

《통찰과 분별》 서문

'교육은 언제나 학생들을 위한 것이어야 한다'라는 말을 들을 때마다 가르치는 이로서 진정 그 '위함'이란 무엇이며, 어떻게 하는 것이 그들을 위하는 길인지 스스로에게 묻는 일이 참 중요했습니다. 또 사랑과 이해로 그들에게 가 닿으려면 먼저 그들의 실상을 똑바로 보는 일이 가장 시급해 보였습니다.

한국 교회는 청년들을 제대로 품어 내지 못했습니다. 지금도 여전히 모든 면에서 미흡합니다. 한국 교회에 축적된 기독교 문화의 켜는 얇고 힘이 유약합니다. 세상에서 아웃사이더로 겉도는 청년들은 교회에서도 뿌리내리지 못하고 겉돕니다. 그럼에도 우리는 하나님이 정하신 인생이라는 방식과 교회의 역할을 믿습니다. 하나님이 교회와 인생에 허락하신 뜻이 시간이 흐르면서 더욱 분명하게 드러나기 때문입니다.

하나님은 인생을 사랑하십니다. 이 엄연한 진리가 교회를 통하여 면면히 이어져 오고 있습니다. 바로 이것이 교회 교육의 시작과 힘입니다. 가정과 학교가 청년들에게 무엇을 가르쳐야 할지 몰라 손을 놓고 있는 요즘, 교회에서 이루어지는 교육은 참으로 귀하며 어느 한순간도 소홀히 하거나 멈출 수 없습니다.

풋내기 전도사 시절, 저와 함께해 준 제자들이 떠오릅니다. 부족하고 거칠기만 한 제 말을 경청해 주고 가르치는 제 진심을 헤아려 준 그들이 참 고맙습니다. 누군가 말했듯, 어린 사람에게는 이미 대가大家가 들어 있습니다. 하나님이 인생을 그렇게 만드셨습니다. 그들과 함께하면서 하나님이 한 사람 한 사람을 어떻게 책임지시는지 그 신실함을 볼 수 있었고, 그 인생들이 주 안에서 어떻게 화답하는지 목도할 수 있었습니다. 소중한 시간들이었으며 제자들과 보낸 그 시절을 추억해 보는 것은 기분 좋은 일입니다.

우리 아들들은 어리다가 장성한 나무들과 같으며 우리
딸들은 궁전의 양식대로 아름답게 다듬은 모퉁잇돌들과
같으며(시 144:12)

2000년 늦은 가을

박영선

차례

일러두기

《흔들어 보기도 하고 거꾸로 쏟아 보기도 하고》는 《통찰과 분별》(2000년, 낮은울타리)
의 개정 증보판으로, 박영선 목사가 전도사 시절에 '5분 스피치' 형식을 빌려 청년들에
게 들려준 짤막한 교훈을 모아 놓은 책입니다. 오늘날과 별반 다를 바 없이 좌충우돌하
는 청년들과 그들의 문제를 고민하는 풋풋한 전도사의 모습을 엿볼 수 있습니다. 한 세
대가 지나 공감대는 줄어들었지만, 여전히 '청년과 지도자'는 함께 부딪치며 부둥켜안
고 가야 할 사람들인 것 같습니다. 《흔들어 보기도 하고 거꾸로 쏟아 보기도 하고》에는
2018년 초, 남포교회 청년들에게 들려준 특강도 함께 들어 있습니다.

위치
파악하기

탈출

—

적군의 포로가 되어 수용소에 갇힌 병사는 오직 탈출만을 생각한다. 수용소에서 이발 기술이나 외국어를 배울 기회가 있더라도 그리 반가워하지 않는다. 그런 배움은 자유의 몸이 된 이후에나 가치가 있기 때문이다.

우리의 교육 현실에서도 이런 모습을 볼 수 있다. 물론 누구도 자신의 자녀나 제자를 수용소에 갇힌 포로로 여기지는 않는다. 그런데 문제는 학생들이 그렇게 느낀다는 데에 있다.

학생들에게 무엇을 하고 싶은지 물어보면 모두 놀고 싶다고 말한다. 놀고 싶다는 말이 특정한 놀이나 게임을 하고 싶다는 의미는 아니라는 것을 안다. 왜냐하면 학생들에게 자유 시간을 주자마자 그들이 무질서와 폭발로 치닫는 것을 많이 봐 왔기 때문이다. 그들은 도대체 무엇을 원하는 것일까? 과연 광란에 빠지는 것을 진심으로 원하는 것일까? 그들의 일탈을 목격한 순간 부모는 아연하고 만다. 그러고는 "학생들을 묶어 놓아야 돼" 하고 못을 박는다.

사실 학생들의 무질서와 파괴적인 행동은 꾸중을 받아야 마땅하다. 하지만 이런 행동이 단순히 일탈을 즐기려는 의도가 아니라, 어떤 진심이 담긴 절규라면 어떻게 해야 할까?

학생들은 수용소를 탈출하려는 것이다. 그런데 탈옥이라는 것이 점잖게 평화적으로 감행될 수 있을까? 그들을 수용소에 가둔 사람은 아무도 없다. 더구나 학교나 교회가 수용소는 아니다. 그런데도 그들은 스스로를 수용소에 갇힌 포로라고 느끼고 있기에, 있지도 않은 철조망을 뚫고 쏘지도 않은 총알을 피하고 높고 높은 담을 넘지 못해 대신 땅굴을 판다. 만일 학생들이 교육자를, 자신들을 감시하러 온 교도관으로 생각하지 않고 교육을, 자백을 강요하는 고문으로 오해하지 않는다면 문제는 달라질 것이다.

휴일에 교외로 나가 청년들이 모인 곳에 가 보면 눈에 띄는 공통점이 있는데, 바로 폭음과 고함이다. 이런 행동이 나타나는 것은 그것이 평소에는 학생들에게 금지된 영역이기 때문이다. 그들은 금지 구역을 침범함으로써 지금 수용소 안에 있지 않고 자유롭다는 것을 확인하려는 것이다. 즐기는 것이 아니라 자신이 포로가 아님을 스스로에게 증명하기 위하여 그토록 처절하게 악을 쓰는 것이다. 그런데 고함을 지르고 악을 써서 잠시 해방감을 맛보아도 여전히 자신을 수용소에 갇힌 포로라고 생각하기에 나중에는 불안과 초조에 빠져 자폭해 버리고 만다.

지도자가 학생들을 맡게 되면 으레 받는 질문이 있다. 그중 하나가 이성 교제에 관한 것이다.

"친구가 있는데요, 그 애가 어떤 여학생을 사귀거든요."

"아니, 고등학생이 교회에서 연애를 한다고?"

순간 그 학생은 속으로 '아하, 이분의 철조망은 여기까지구나' 하고 '교도관'의 한계를 확인한다. 그리고 다음부터는 이 교도관을 실망시키는 행동을 절대 삼간다. 하지만 교도관 모르게 땅굴은 여기저기 뚫리고 학생들은 은밀한 쾌감으로 '자유'를 즐길 것이다.

큰 말썽을 부린 학생의 집을 찾아가 보면 부모가 참 어이없어 한다. "그럴 리가 없어요. 얼마나 얌전하고 말을 잘 듣는데요."

이 집 교도관도 속고 있었던 것이다. 이런 숨바꼭질이 계속되는 한, 참다운 교육은 실현될 수 없다. 교육은 피교육자의 상태를 바로 아는 데서 시작되어야 하기 때문이다. 이것이 교육의 기초이다. 정성과 열심이 교육자의 무지를 변호할 수는 없다. 사랑은 사랑하는 자의 만족이 아니라 사랑하는 대상의 완성을 위하여 있기 때문이다.

나의 위치

—

2차 세계대전을 배경으로 한 영화였던 것으로 기억하는데, 인상 깊은 장면이 있었다. 미군 탱크 한 대가 사막을 지나가고 있는 장면이다. 한참 사막을 건너가는 도중에 이태리군 포로 두 명을 끌고 가는 영국군 장교 한 명을 만난다. 미군 지휘관은 가뜩이나 물이 모자라는데 이들을 만났으니 하나도 반갑지 않다. 그들을 모두 태워 주고 물까지 나눠 주면 광활한 사막을 건너기 어렵기 때문이다. 할 수 없이 지휘관은 영국군 장교만 태워 주고 이태리군 포로들은 내버려 둔다. 포로들은 살려 달라고 애걸하며 계속해서 탱크 뒤를 쫓아온다. 보다 못한 영국군 장교가 이들을 태워 주자고 건의한다. 그러나 탱크의 지휘관은 이를 거절한다. 그의 부하들 역시 반대 의사를 갖고 있었으나 그의 명령에 절대복종한다.

만약 이런 상황에서 "당신이 사람이요? 아니, 인간으로서 어떻게 그럴 수 있소?" 하고 지휘관에게 따지고 들면 지휘관은 사실 할 말이 없을 것이다. 그러나 그는 2차

세계대전이라는 특수한 상황 속에서 한 탱크의 '장長'으로서 명령한 것이지 그의 인격을 걸고 명령한 것은 아니다. 그래서 부하들도 전장에서 탱크 운용에 관한 한 지휘관의 명령에 절대복종한 것이다.

이렇듯 어떤 일이 있을 때 지금은 어떤 상황이고 이 일이 전체 흐름에서 어느 국면에 속한 것인지를 분별하는 일이 필요하다. 그리고 자신이 어떤 집단에 속했다면, 그 집단이 지금 이 상황에서 무슨 일을 책임져야 하는지를 분별하는 지혜가 있어야 한다.

그렇게 하지 않고 모든 일에서 "인간으로서 그럴 수 있어?" 따위의 질문을 자신에게 던진다면 스스로 어려움에 빠지게 될 것이다. 이런 식으로 일상을 구획하여 파악할 줄 모르면 완전주의와 명분론에 갇히게 된다.

태평양전쟁 중 일본군은 장성들의 연이은 할복자살로 상당히 곤란했다고 한다. 일본군 장성들은 전선에서 후퇴하거나 투항해야 할 상황이 벌어지면 굴욕감을 견딜 수 없다며 모두 자살했기 때문이다. 그러나 군 장성이라면 으레 지휘관으로 전쟁에 임한 것이며 전투에 임한 이상 모든 수단을 동원하여 이기는 것이 그의 사명이다. 설사 그 수단이 야비한 것이라고 할지라도 말이다.

그런데도 전쟁이라는 국면에서 자존심을 들먹이며 자살을 택하는 것은 비겁하고 무책임한 행동이다. 극단적 장렬함으로 자신을 장식하는 일밖에 되지 않는다. 어떤 일이 있을 때 필요한 것은 낭만적 인류애나 극단적 장렬함이 아니라 "현재 여기서 내가 해야 할 일은 무엇인가? 이 국면에서 나의 역할은 무엇인가?"를 묻는 것이다.

우리는 자신이 속한 단체에서 나의 위치는 어디이고, 내가 해야 할 일은 무엇인가를 분별할 수 있어야 한다. 언제나 이 질문을 스스로에게 던져 보기를 권한다.

아직 차고 있는 때

—

수련회를 다녀오면 생기는 문제가 있다. 친구는 셋째 날부터 성령의 감동을 받아 통곡하기 시작했는데, 나는 수련회가 끝날 때까지도 영 감각이 없는 것이다. 그렇다고 친구만 열심을 내고 난 건성이었느냐 하면 그렇지 않다. 나도 친구도 다 같이 열심히 경청하고 기도했는데, 왜 친구에게만 뭔가가 오고 나에게는 없냐는 것이다. 이런 생각이 드니 덜컥 겁이 난다. '혹시 난 버려진 자식이 아닐까?' 그래서 자신을 확인하고 싶어진다. 하나님이 직접적으로 '너는 내 자녀이다'라고 말해 주지 않아 답답해 미칠 지경이다. 괜시리 서글퍼져 하나님은 내가 없어도 괜찮으신가 하고 잠시 교회를 떠나 본다.

그러자 "아!" 하는 죄책감이 밀려온다. 마음이 불안해지면서 동시에 마음이 놓이게 된다. "역시 난 가짜는 아닌가 봐."

이런 예를 생각해 보자. 안이 들여다보이지 않는, 천 방울의 물이 들어가는 병이 있다. 이 병에 물이 들어 있는지는 언제 알 수 있을까? 바로 넘치는 때이다. 이런 병이 두 개 있다고 하자. 한 쪽은 팔백 방울, 다른 한 쪽은 사백 방울이 들어 있다. 그리고 수련회에서 똑같이 사백 방울씩 받았다. 그러자 팔백 방울이 들어 있던 병은 이백일 번째 방울이 들어오면서부터 넘치기 시작하고 사백 방울이 들어 있던 병은 똑같이 사백 방울을 받았는데도 아무런 표가 안 난다.

사백 방울이 들어 있던 병에도 똑같이 물이 채워졌으나 아직 넘치지 않았을 뿐이다. 그래서 그 병에는 아무 일도 일어나지 않은 것 같이 보인다. 하지만 은혜를 받지 않은 것이 아니다. 단지 채워지는 시간이 더 걸릴 따름이다. 분명히 무엇인가를 받았고 기쁜데 보여 줄 증거가 없는 것이다. 물이 넘치지 않는 이상 이렇게라도 해서 하나님의 자녀인 것을 확인해 본다. '흔들어 보기도 하고 거꾸로 쏟아 보기도 하고.'

누구도 대신할 수 없는

—

나는 항상 청년들에게 자기 인생의 주인으로 살라고 말한다. 인간은 각각 독립된 자유인으로서 나름대로 존재의의와 가치를 지니고 있기에 서로 비교될 수 없다. 달리아와 채송화의 아름다움을 비교할 수 있을까? 달리아가 채송화보다 더 예쁘다고 말할 수 있을까? 여름날 새벽, 꽃밭에 조롱조롱 피어 있는 채송화를 본 적이 있는 사람이라면.

사람도 마찬가지이다. 어떤 이는 달리아고 어떤 이는 채송화이다. 이 꽃과 저 꽃을 비교하지 않고 그 나름대로 인정해 주듯이 그 사람만의 개성도 인정해 주어야 한다. 사람들은 각기 다르기에 서로 비교될 수 없고 누구도 자신을 대신할 수 없다. 각자 자기 자신일 수밖에 없고 각자 자기 자신으로 살아야 한다.

나는 청년들의 행동에 대해서 어떤 때는 아주 신랄하게 꾸중한다. 그러면 청년들은 '달리아나 채송화나 백합이나 모두 인정한다면서 각자가 어떻게 굴든지 개성일

뿐인데 전도사님과 다르다고 꾸중하다니'라고 생각할 것이다. 그러나 나는 채송화더러 키가 작다고 시비를 걸거나 백합더러 희다고 시비를 걸지는 않지만, 백합이 백합답지 못하고 채송화가 채송화답지 못할 때는 걱정하고 꾸중도 서슴지 않는다. 백합은 단지 백합이기에 칭찬받는 것이 아니라 향기를 발하며 청아하게 피어날 때 칭찬받는 것이다. 백합은 백합의 온전한 모습, 그 완성의 자리로 나아가야 한다.

이것은 고독한 싸움이다. 그리고 각자가 백합 혹은 채송화로 그 온전한 모습을 갖추려 할 때 거기서부터 비로소 교육이 시작된다. 백합이 백합으로 피어나고자 하는 것은 하나님 앞에 살아가는 피조물의 책임이다. 그리고 이 일을 돕기 위해 선배와 지도자가 있는 것이다.

지도자란 "너는 백합이다. 그런데 향기가 없으니 어떻게 된 일이냐?"라고 물어보는 사람이다. 청년들의 행동 하나하나를 주의 깊게 보고 가치관의 혼란이나 훈련 부족을 지적해 주는 사람이다. 청년들의 가치관이 바르게 정립될 수 있도록 "너의 모습은 무엇이냐? 너의 정체성은 무엇이냐?"라고 물으면서 청년들에게 부딪쳐 가는 사람이다.

그런데 이 일은 참 어렵다. 청년들은 '나는 채송화인데 뭐' 하면서 어떤 지적도 들으려 하지 않는가 하면, 어떤 때는 채송화라는 존재 자체를 무너뜨리려는 줄 알고 씩씩거리기 때문이다.

우리는 각자 독립적 자유인으로 존재하기에 서로가 서로를 대신해 줄 수 없다. 친구에게 나를 대신해 달라고 할 수는 없다. 나를 대신해 줄 수 있는 이는 구주 예수 그리스도뿐이다.

마찬가지로 선생 역시 대신해 주는 존재가 아니다. 그러나 선생은 좀 더 앞서가고 있기에 청년들이 온전한 존재로 서서 걸음을 내딛을 수 있도록 가르칠 권리와 의무가 있다.

서구에서는 친구 같은 아빠가 대세이다. 서로가 침해할 수 없는 독립적 자유인이라는 견지에서 말이다. 그러나 그들이 자녀들에게 관대하기만 하다고 생각하면 오산이다. 그들은 자녀가 그릇된 행동을 할 때 정말 무섭게 야단친다. 이 두 가지, 즉 친밀함과 훈계가 어색하지 않게 공존하고 있다.

마찬가지로 나는 청년들의 친구이자 선생이다. 혹 그들이 꾸중을 들었다면 고쳐 나가야 한다. 이것은 자존심

상할 문제가 아니다. 청년부는 완성된 사람들이 모인 곳이 아니라 한심한 훈련병들이 훈련받고 있는 훈련소인 것이다. 청년들이 지도자에게 쓴소리를 들었다 해도 그것이 그 존재 자체에 대한 거부가 아니라는 것을 알아 누구도 대신할 수 없는 자기 인생을 창의적으로 살아 내기 바란다.

정면으로 부딪치기

—

권투, 태권도, 검도 같은 격투기나 무도에서 가장 중요한 기초 훈련은 '눈 뜨기'이다. '눈 뜨기'는 상대방의 공격을 제대로 보고 대처할 수 있게 하는 기본자세이다. 만일 눈을 감고 등을 돌린 채 상대방에게 공격을 당한다면 어떻게 될까? 그때는 타격이 공포로 느껴질 뿐이다. 보이지 않아 해결 방법을 찾을 수 없다. 그러나 눈을 뜨고 정면으로 부딪쳐 나가면 다르다. 상대방이 내 머리를 때리는 것과 다리를 때리는 것이 다르고 그가 팔로 때리는 것과 막대기로 때리는 것이 다르다는 것을 알게 된다. 즉 사태를 파악할 수 있어 적절히 대처할 수 있다.

가장 경계해야 할 신앙 태도가 바로 이런 것이다. 일이 난관에 부딪치면 우리는 자꾸 스스로를 '나는 부족한 죄인이기 때문에'로 몰아붙여 엎드려 회개하고 자비만을 구한다. 견디기 어려우니 눈을 감아 버리는 것이다. 하지만 모든 난관을 무조건 엎드려 비는 것과 자책으로 넘어갈 수는 없다. 때로는 책망받고 인내하고 정면으로 맞서야 할 것도 있다. '눈 뜨기'는 비단 운동에서만이 아니라 진리를 확인하고 탐구하며 소화하는 생각과 토론, 행동에서도 적용되어야 한다.

우리는 자기 수준에서 행동할 수밖에 없다. 따라서 부족한 부분에서는 실패하기 마련이다. 실패하더라도 책임을 다하고 꾸중과 창피를 감수해야만 한다. 만일 책임을 회피하고 꾸중과 창피를 두려워한다면 그에게 남는 것은 공포심과 얄밉도록 빛나는 눈치밖에 없을 것이다. 오늘 하루를 공포와 눈치 속에 살아가기보다 자신의 성장에 투자하자. 여러 번 실수하더라도 꾸중과 창피를 각오하고서 두 눈을 똑바로 뜨고 그것들을 바라보자. 그리고 스스로 다짐하자. 다시는 똑같은 실수를 하거나 똑같은 창피를 당하지 않겠다고.

사춘기

—

사람은 누구나 사춘기를 맞는다. 사춘기는 성인이 되기 전의 청소년기를 말한다. 인간은 어떤 시기를 거쳐 그의 생애를 종결하는 것일까? 인간의 생애를 보면 태어나서 유아기와 소년기 그리고 사춘기를 거쳐 드디어 성인이 되어 장년기를 지나 노년을 맞는다. 어찌 보면 인생의 전성기는 장년기라 할 수 있다. 나머지는 이때를 위한 준비이거나 여운이다.

인생을 소년기와 사춘기, 그리고 장년기로 구분해 보자. 소년기와 장년기는 대조적이다. 가치관과 주체성에서 가장 그렇다. 소년기는 가치관의 판단을 보호자에게 의존하는 때이다. 이 시기에는 이렇게 말한다. "우리 엄마가 하지 말랬어." "우리 선생님이 이것이 맞대."

이 시기에는 사실 자신이 주체가 아니다. 그래서 소년기의 잘잘못은 보호자와 연결된다. 한편 장년기는 스스로 결정하고 자기가 한 일에 대해 책임져야 하는 시기이다. 이러한 변화를 무리 없이 감당하도록 준비하는 기간이 사춘기이다.

사춘기를 한마디로 하면 자아 발견기라고 할 수 있다. 이때는 그동안 나를 안심시키고 내 사고와 행동의 기준이었던 부모님과 선생님의 견해를 자기 것으로 만드는 때이다. 이를테면 주일은 교회에 가는 날이라는 부모님의 말씀이 부모님을 떠나서 나와도 관계가 있는 말인지를 스스로에게 묻는 시기이다. 그런데 자녀에게 심각한 이 시기가 부모가 볼 때에는 이상해 보이고 마음에 들지 않는다.

"교회에 가." "공부 열심히 해." 이런 말들은 아버지가 말씀하셨다는 것만으로 존중받아야 하는데, 자식은 잔소리로 여겨 움직이질 않고 우물쭈물한다. "어럽쇼! 이놈을 내가 어떻게 키웠는데. 먹을 것 안 먹고 입을 것 안 입고 키워 놓았더니 이제 말을 안 들어? 교회 가기 싫으면 앉아서 공부나 해!"

언제나 이런 식이다. 자녀는 지금 부모님의 것을 나의 것으로 소화하려는, 참으로 진지하고도 중요한 과정에 있는데 말이다. 이렇게 되면, 옳고 그르냐와 관계없이 감정이 상하게 된다. '아버지의 가치관이라면 내용과 관계없이 무조건 싫다.'

보통 청소년들은 옳고 그름을 생각해 볼 틈이 없다. 그냥 싫은 것이다. 부모들은 말한다. "그놈이 깨닫기를 기다리다간 중요한 시간을 다 낭비하게 된다. 깨달았을 땐 너무 늦더라."

이것 또한 옳은 말이다. 사춘기에는, 나중에 깨닫고 나서 행하기에는 늦은, 그때 해야만 하는 준비가 있다. 그러나 사람은 결정하기 전까지 그저 잠자거나 쉬고 있지 않다. 결정을 하든지 안 하든지 어쨌든 오늘을 살아간다. 사실 청소년들을 이해시키고 깨닫게 하기 이전에 그들을 부모의 뜻대로 움직이게 하는 힘은 부모에 대한 그들의 신뢰와 존경뿐이다. 그런데 부모의 조급함이 바로 이 신뢰를 무너뜨리고 만다. 그리고 부모에 대한 그들의 실망이 반항으로 나타남으로써 부모를 더욱 불쾌하게 한다.

이성 교제도 그렇다. 부모 쪽에서 보면 한심하다. 지금이 얼마나 중요한 시기인데 연애를 하는가? 부모 쪽에서는 어린 녀석이 엉덩이에 뿔이 난 것 같겠지만, 이때의 이성 교제는 상대방에게 관심이 있어서 하는 것이라기보다 독립된 자아를 확인하는 통로라고 할 수 있다. 한 사람의 독립적 인격으로서 남에게 인정받고 싶은 것이다. 그러니 부모는 자녀가 사춘기에 들어서거든 여유와 사랑을 품고서 지켜 보아야 한다. 이때가 자녀의 전 생애를 결정 짓는 중요한 시기이기 때문이다.

짧지만 굵은

개념어 사전

칭의

—

'칭의'는 하나님이 우리에게 "이제는 내가 너를 만날 수 있게 되었다"라고 선언하시는 것이다. 우리는 이 말을 듣고도 우리 편에서 보기에는 하나도 달라진 게 없다는 것 때문에 자주 혼란에 빠지게 된다. 하지만 우리에게는 어제와 오늘이 다르지 않아 보여도 하나님에게는 우리의 어제와 오늘이 분명하게 다르다.

이 땅에 살면서, 즉 시간과 공간 속에서 구원을 인식하는 것을 '구원의 확신'이라고 말한다. 그래서 나는 '구원의 확신'을 오히려 '구원의 기쁨'이라고 부르고 싶다. 누군가 우리의 문을 두드릴 때 우리는 문을 연다. 거기에 예수님이 계신다면 우리는 기독교인이 될 것이다.

사람들은 무엇이든 자신이 스스로 선택해 왔다고 생각하지만 사실은 자신에게 이미 주어진 것들로 자기 인생이 결정되어 있다는 측면을 간과해서는 안 된다. 누군가 우리의 문을 두드릴 때 우리는 문을 열지 않을 수도 있다. 이럴 때 그 문 자체보다 우리의 생명을 더 아끼시는 하나님은 그 집에 불을 질러 우리를 불러내기도 하신다.

어떤 사람들은 자신이 얼마나 극적으로 예수님을 믿게 되었는지 자랑처럼 이야기한다. 그러나 그것은 자랑이 아닐 수 있다. 계속 문을 열지 않고 버텼기에 하나님이 불을 질러 마지막 기회를 주셨던 것일 수 있기 때문이다. 우리가 완악할 때 이 불은 병이나 재난, 고통, 실패로 나타난다. 하지만 그 불이 나게 된 배경에는 나를 사랑하시는 하나님의 크신 사랑이 있다는 것을 기억해야 한다.

자유

—

우리는 규칙을 준수하는 생활에 익숙하다. 주로 '무엇을 하지 마라'는 교육을 받아 왔기 때문에 나쁜 짓만 하지 않으면 된다는 소극적 태도로 살아왔다. 집이나 학교, 심지어 교회에서도 이런 소극적 자세를 독려하는 것 같아서 어느새 우리도 나쁜 짓 안하고 생활하는 것에 만족하며 산다.

나는 청년들에게 자유를 누려 보라고 권면했다. 규칙에 익숙했던 그들이 마음껏 자유를 누려 보더니 결국 무절제와 방종으로 나아갔다.

절제는 하나님의 영광을 위해 자신의 권리를 사양하는 덕목이다. 그것은 겸손에 기초를 둔다. 그러니 아무것도 누릴 것이 없는 사람에게 절제하라는 것은 말이 안 된다. 누릴 게 아무것도 없다면 무엇으로 절제할 수 있을까? 무슨 권리에 대해 겸손할 수 있을까?

그래서 나는 우선 청년들에게 자유를 주었다. 청년들이 마음껏 자유를 누려 보기 바라는 마음에서이다. 그들이 절제와 겸손과 자비를 겸비한 기독교인이 될 수 있다면 현재 방종이란 형태로 나타나는 시행착오까지도 감수할 각오로 시도해 본 것이다. 청년들이 하고 싶은 대로 마음껏 살다 보면, 곧 그것이 전부가 아니라는 생각을 가지게 될 것이다.

아름다움을 창조하는 사람을 예술가라고 한다. 나는 청년들에게 스스로 아름다움을 만드는 사람이 되라고 말하고 싶다. 그런데 그들이 "아름다움이란 무엇일까요?"라고 묻는다면, 일단 아름다워 보이는 것들을 나열해 보라고 하겠다. 아름다운 것들을 나열하다 보면 언젠가는 예술가적 안목과 수준을 갖게 될 것이다. 그들에게 왜 아름다운 것들을 나열해 보게 했는지 깨닫는 날이 오기를 바란다.

자유를 마음껏 누리다 보면 어느 날 그 자유가 지겨운 날이 올 것이다. 진정한 자유가 아닌 방종으로 나아갔기 때문이다. 이제 자유와 방종은 차원이 다르다는 것을 깨닫게 될 것이다. 이때 비로소 청년들은 신앙에 토대를 둔 예술가로서 눈을 뜨게 될 것이다. 자유를 누리기 바란다. 그리고 이 자유를 다듬기 바란다. 그리스도의 장성한 분량에 이르기까지.

절제

—

사랑을 하게 되면 남자는 신사가 되고 여자는 숙녀가 된다. 성인이 되는 것이다. 그러니 연애에 실패하더라도 그것마저 유익이다.

연애에서 첫 데이트의 가치는 서로의 마음을 알았다는 데에 있다. 세상을 얻은 듯한 가치가 있고 기쁨이 있다. 그러나 만남을 계속할수록 초조와 불안이 따르고 의미와 가치를 잃어 간다.

연애를 해 보면 이런 경험을 하게 된다. 서로 만나다 보니 속도를 조절할 수 없다든지 만남의 횟수를 어떻게 조절해야 할지 모르겠는 경험. 택시를 타거나 버스를 탈 때를 생각해 보자. 둘 중 무엇을 탈 때 거스름돈을 사양할 수 있는가? 택시를 탈 때이다. 택시를 타는 것은 시간을 벌고자 돈을 투자하는 것이기 때문이다. 대신 버스를 타는 것은 돈보다는 시간을 투자한 셈이다. 이처럼 절제의 기준은 그때의 목적에 따라 결정된다.

두 사람의 관계는 각자의 기둥으로 바닥을 다져 가는

데 있다. 그러니 상대방의 기둥만 보고 실망하기에는 이르다. 바닥을 이루려면 기둥이 필요하지만, 기둥이 전부는 아니다. 바닥 위에 무엇을 쌓아 가느냐에 따라 건물의 아름다움이 결정된다. 물론 처음에는 서로의 기둥만 보게 되는 것이 사실이다. 그렇지만 그들은 곧 같은 바닥을 일구며 함께 작품을 창조해 가야 한다.

조각할 때 돌이 크면 큰 작품이 나오고 돌이 작으면 작은 작품이 나온다. 그러나 돌이 크다고 해서 무조건 좋은 작품이 나오지는 않는다. 좋은 작품의 기준은 돌의 크기와 관계없이 아름다움에 있다. 깎여야 할 부분이 깎일 때 아름다움을 얻는다. 콧날을 세우려면 양 볼이 깎여야 한다. 자주 만난다고 아름다운 작품이 만들어지지는 않는다. 무엇보다 예술적 전제가 필요하다.

자립

—

청년들을 교육하면서 가장 큰 문제로 생각했던 것은 그들이 자신의 역량을 키우는 데 관심을 갖지 않고 지도자와의 관계를 유지하는 데 더 큰 관심을 보인다는 점이다. 그러나 교육은 한 개인이 성인으로 완성해 나아가는 데 그 뜻이 있지, 어떤 특정인에게 길들여지는 데 의미가 있지 않다.

한 개인을 성인으로 길러 내려면 판단력과 임무 수행 능력과 책임감을 갖추는 것을 교육의 내용으로 삼아야 한다. 이것이야말로 인간이 살아가면서 갖추어야 하는 근본이기 때문이다. 인생을 살아가는 데에 판단력은 명철함을, 임무 수행 능력은 실력을, 책임은 인격을 요구한다. 이 중 어느 하나가 부족하면 어떤 문제에 부딪쳤을 때 잘 해결해 나갈 수 없다.

교육기관은 실험실이나 훈련소 같은 곳이다. 하나의 과제를 주어서 판단하고 수행하고 책임을 발휘하게 하여 자신들의 미비한 부분을 보완하고 수정하도록 훈련

하는 곳이다. 그런데 말썽을 일으키지 않고 아무 실수도 하지 않는 것을 최고라고 생각하는 사람이 많다. 단지 말썽을 일으키지 않는 것이 최선이며 그 외에는 아무런 가치도 없다는 식이다. 그러나 실수하더라도 시도해 보는 것이 중요하다. 그래서 실험실 같은 곳이라고 하는 것이다.

지도자에게 공손하고 예의 바르고 눈치 빠르게 잘하던 자들이 판단력이 요구되는 상황만 벌어지면 허둥대며 도무지 대책을 세우는 데 엄두를 내지 못하는 것은 무엇을 의미할까? 지도자에게 잘 보이는 것은 중요하지 않다. 지도자와 평생 같이 지낼 수도 없는 법이다. 청년들이 평생 따르겠다고 내 옷자락에 매달리면 나는 서슴지 않고 그 팔목을 뿌리칠 것이다. 사람은 진정 자신뿐이다.

우리 앞에는 각자의 인생이 놓여 있다. 그 인생을 스스로 판단하고 살아가야 한다. 자기 길을 잘 정하고 아름답게 완성하기 위하여 다시 확인하고, 미심쩍으면 한 번 더 들여다보면서 "이러면 안 될까?" 하며 슬쩍 밀어도 보고 모름지기 자신을 든든히 하기 위해 알차게 훈련해야 한다. 젊은 시절에는 실수하더라도 용서받을 수 있고 다시 일어날 수 있다. 그러나 곧 실수하면 곤란해지는 때가 온다. 중대한 결단을 내려야 하는 순간이 오게 된다. 그때 자신 있게 자기 길을 선택하고 자신만의 인생을 펼쳐 가기 위해 사소한 판단부터 스스로 내려 보기 바란다.

책임

—

책임을 다하는 것은 드러나는 일을 하는 사람보다 드러나지 않는 일을 하는 사람에게 더 많은 노력이 필요하다. 그들은 맡은 일을 하지 않아도 전체에 별다른 영향을 미치는 것 같지 않기 때문이다. 교회에서는 직분을 맡지 않은 평범한 이가 바로 그런 사람이다. 이들은 결석하더라도 별다른 책임감을 느끼지 않는다. 티가 나지 않기 때문이다.

성가대를 예로 들면, 지휘자와 반주자 또는 솔리스트에게는 중요한 역할이 있다. 이들이 없으면 성가를 부를 수 없을 정도이다. 그만큼 이들은 책임도 크다. 그러나 이들의 역할은 큰 능력이 요구된다는 점에서는 어려운 것이지만, 책임감 있게 행동한다는 면에서는 어렵지 않을 수 있다. 왜냐하면 그가 하는 일은 모두의 눈에 띄기 때문이다. 그러나 있어도 그만 없어도 그만인 일반 성가대원들의 자리는 다르다. 주목받는 역할을 맡지 않는 것이 책임지는 일을 소홀히 하게 할 수 있다. 이런 점에서 일반 성가대원들의 역할이 훨씬 더 큰 인내와 더 큰 책임감을 요구받게 된다. 이처럼 중요한 역할을 맡는 것과 책임을 다하는 것은 다르다.

계약

—

누군가에게 한 달 전에 십만 원을 빌렸는데, 오늘 오후 한 시까지 갚기로 했다고 하자. 그런데 돈을 겨우 마련하여 급히 택시를 타고 가던 중 교통사고를 당해 정신을 잃게 되었다. 병원에서 깨어나 보니 머리는 터져서 피가 나고 온몸은 상처투성이다. 십만 원도 누가 가져갔는지 없어졌다.

이때 채무자가 해야 할 이야기는 무엇일까? 그것은 장황한 변명이 아니라 "약속을 못 지켜서 미안합니다"라는 말이다.

그런데 우리는 이런 일이 벌어지면 상대가 당연히 봐줄 것을 기대한다. 주변에서도 채무자가 최선을 다했으니 좀 봐주라고 조언한다. 그래서 채권자가 사정을 전해 듣고 며칠 더 기한을 주면 '교통사고로 머리도 터졌으니 기한을 연기해 주는 것쯤은 당연하지……' 하고 생각하게 된다. 그러나 사실 이 호의는 당연한 것이 아니라 고맙게 생각해야 마땅하다.

"그래도 그렇게 큰 어려움을 겪고, 그 와중에도 최선을 다했는데"라고 말하고 싶을 것이다. 그러나 채권자와 채무자 사이의 계약 내용은 돈을 빌려주고 그것을 갚는 일이다. 이 계약에서 동정을 베풀 자유는 전적으로 채권자에게 있고, 채무자는 자비를 요구할 권리가 없다. 그런데 우리는 계약에 대해 너무도 느슨하게 이해하고 있어서 계약 내용의 본질과 거리가 먼 다른 문제, 곧 '그가 최선을 다했다'는 진심의 강도로 계약을 변질시키려고 한다.

기독교는 하나님과 인간 사이의 언약에 기초한 종교이다. 그러나 우리는 이 언약 개념을 느슨하게 가지고 있어서 기독교를 오해한다. 우리는 언약의 내용과 언약의 당사자인 하나님을 이해하려 하기보다는 하나님을 감동시키려 한다. 기도할 때도 무슨 내용을 간구할까 생각하기보다 세상을 움직일 만한 정성으로 기도했는가 아닌가에 초점을 맞추는 식이다.

마찬가지로 교사와 학생도 어떤 약속 위에 서 있는지를 자주 잊는다. 학생은 가르침을 받으려는 것이 아니라 다만 교사와 친해져서 점수를 따려고만 한다. 그래서 막상 가르쳐야 할 내용을 이야기해 주고 그에 따라 꾸중하면 서운한 마음을 품고 돌아서 버린다.

청년들이 지도자에게 동정을 구하면서 실수를 슬쩍 넘어가기보다는 자신들이 어떤 약속 위에 서 있는지 기억하여 그에 따르는 책임을 용기 있게 감당하기 바란다.

우열

—

성경에서 말하는 우열의 개념은 세상에서 말하는 우열과 의미가 다르다. 인류의 조상이 타락하여 죄가 들어왔는데, 이 죄가 하는 일이 왜곡이다. 죄는 왜곡, 부패, 절망을 가져온다. 그래서 전도된 가치가 많다. 우리 생각에는 먼저 믿은 사람과 나중에 믿은 사람 간에 분명히 차별을 두어야 하고, 봉사하는 자에게는 그냥 얻어먹는 자와 달리 반드시 보상이 있어야 공평할 것 같다. 그런데 성경은 그렇게 이야기하지 않는다. 봉사자에게는 누구를 도울 수 있는 자체가 명예이고 보상이라고 한다. 우리는 이것을 받아들이기가 쉽지 않다. 그래서 겸손하라, 감사하라, 하는 권면이 '강요'로 느껴진다.

모세는 이스라엘 백성을 구원하여 그들과 함께 광야에서 사십 년간 방랑 생활을 했다. 모세에게 가장 어려웠던 것은, 그렇게 애를 써서 데리고 나온 이스라엘 백성이 사십 년 동안 줄곧 모세를 원망한 일일 것이다. 그들은 조금만 어려우면 먹을 것이 없다, 목이 마르다, 왜 우리를 애굽에서 데리고 나와 이 고생을 시키느냐, 하고 사십 년 내내 불평했다. 이에 더 이상 참지 못한 모세는 므리바 사건에서 지팡이로 바위를 내려치면서 "이 녀석들아, 내가 언제까지 너희들을 참으란 말이냐?" 하고 화를 낸다. 이런 모세를 본 하나님의 마음을, 시편 106편을 통해 짐작해 볼 수 있다.

"너 이놈아, 왜 내 자식들한테 성질부리냐? 너는 가나안에 못 들어간다." 모세는 억울하지 않았을까? 그런데 성경은 모세를 모든 사람 중에 최고로 온유한 사람이라고 표현했다(민 12:3). 이 구절을 보면 모세는 그리 억울해하지 않았던 것 같다.

모세가 결국 알게 된 것은 무엇이었을까? 모세는 자신이 하나님의 동역자로 일했다는 것을 알게 된다. 하나님의 창조 사역에 동역했던 것이다. '창조'란 없던 것을 만드는 일이다. 하나님이 순서와 조건을 넘어서 복과 영광과 승리를 주시는 일, 곧 창조 사역의 동반자로 자신이 쓰임 받았다는 사실만으로 모세에게는 충분한 보상이 되었던 것이다.

이 복은 누구를 위해서 주어진 것인가? 모세가 이끄는 이스라엘 백성 모두를 위해서 주어졌다. 그러니 성경은 결코 누가 더 잘났으니 누가 더 보상을 받아야 한다고 말하지 않는다. 하나님이 중요하게 보시는 대상은 영웅 한 사람이 아니라 당신의 백성 모두이다. 하나님은 누구를 위대하게 만들기 위해서 다른 사람을 열등하게 만들지 않으신다.

인생

—

우리는 인생의 목표와 가치를 설정했다는 사실만으로 만족해하고 큰소리치려는 경향이 있다. 하지만 산다는 것은 인생의 목표를 설정하는 자체에 의의가 있지 않다. 삶의 목표를 향해 걸음을 내디딜 때마다 나로 하여금 그 길에서 빗나가게 하고 타협하게 하는 현실에 대하여 당당히 맞서는 것에 인생의 가치가 있다.

삶의 목표가 아무리 멋있고 가치 있다고 해도, 그 목표를 향해 가는 길은 때로 신경질 나고 좌절스러우며 허무하게 느껴지는 법이다. 그래도 주저앉아 버릴 수는 없다. 산다는 것은 삶의 궁극적 목표를 향해 가는 이 길을 구부러뜨리지 않고자 부딪히면서 겪는 아픔과 슬픔들을 감내하는 것이다. 삶이란 가만히 앉아서 목표를 확인하고 쳐다보는 것이 아니라 몸소 걸어가는 것이기 때문이다.

목표

—

내가 강의할 때 자주 쓰는 표현은 '대개 그렇게 알고 있지만 사실은 그게 아니라 이것이다' 하는 말이다. 즉 'Not A But B'이다.

학생들에게 진리를 가르칠 때, 그들이 보이는 첫 반응은 해방감과 자유함이다. 오해와 미신에서 해방되는 것이다. 나는 이것을 '공포에서의 해방'이라고 명명한다. 그런데 진리는 해방감을 주는 데 그치지 않는다. 진리는 '그것은 아니야'라고 할 뿐만 아니라 우리에게 행동을 요구한다.

내가 Not A But B 식으로 강의하면, 우선 학생들은 Not A에 마음이 쏠린다. "글쎄, 교회에서 공을 차도 다리가 부러지는 것이 아니래", "교회에서 연애해도 혼나는 것이 아니래" 하며 미처 몰랐던 자유를 발견하고 좋아한다. 이것이 진리가 주는 소극적 효과이다.

학생들은 "이게 아니래" 하며 좋아했다가, 강의의 초점이 Not A에 있기보다 But B에 있다는 데에 당황한다.

But B, 즉 진리가 행동을 요구하는데, 이것이 너무 어렵기 때문이다. 이것이 진리가 주는 적극적 효과이다.

Not A라고 좋아했더니만 결국 그것이 B로 가는 첫걸음일 뿐이라는 것을 알게 되자 이제 청년들은 나를 보는 것이 겁이 난다. 스스로 이만 칠천 걸음을 걸었어도 내가 삼만 걸음을 요구하는 것을 알기에 그만 피하고 싶어 한다. 이제는 몰라서 못했다고 할 수 없으니 곤란한 것이다.

당구를 오백 점 정도 치면 잘 치는 편이다. 그러나 오백 점을 치는 사람이 칠백 점을 치는 사람과 같이 치게 되면 위축된다. 제 실력만큼도 발휘하지 못한 채 지고 만다. 괜히 칠백 점 치는 사람이 하는 식으로 쳐 보려고 하다가 원래 자기 페이스마저 잃어버리게 된다.

나는 청년들이 앞으로 완성해야 할 목표를 말한 것이지, 당장 그렇게 되라고 한 것이 아닌데도 그들은 내 앞에서 자신의 민낯을 드러내는 것을 겁낸다. 자기를 감추느라 바깥으로 빙빙 돌게 되어 성장해야 할 시간에 눈치만 본다.

청년들은 아직 미욱하고 완성을 향해 가는 과정에 있다. 그러니 각자의 수준을 드러낼 용기를 가져도 좋다. 오늘 나는 목표를 향해서 얼마나 열심히 살았는가, 얼마나 주저했는가, 인간은 목표를 향해 가기에는 얼마나 엉망인 존재인가 하는 것을 확인하여 겸손히 목표를 향해 자라 가면 된다.

예수님은 우리가 얼마나 형편없는 사람들인지를 잘 아신다. 그것까지 다 아시고 우리를 인도해 가시는 것이다. 그러니 있는 용기를 다 긁어모으고 스스로를 보듬어 가며 목표를 향해 걷기로 하자. 하나님은 우리에게 항상 온전한 은사를 주신다. 그럼에도 우리가 온전하지 못한 존재이기에 균형을 잡지 못해 비틀거리고 있을 뿐이다.

사랑

—

요한복음 13장 34절 이하에 나온 "새 계명을 너희에게 주노니 서로 사랑하라 내가 너희를 사랑한 것 같이 너희도 서로 사랑하라 너희가 서로 사랑하면 이로써 모든 사람이 너희가 내 제자인 줄 알리라"라는 말씀은 우리에게 사랑에 대한 새로운 면모를 보여 준다. 곧 사랑은 원리이자 실체로서 존재한다는 것이다. 사랑은 저 높은 차원에서만 존재하는 추상명사가 아니라 실재하기에 그 실체를 확인할 수 있다는 말씀이다.

그런데 우리는 사랑을 완벽함, 깊음, 숭고함 같은 관념에 연결지어 내면적 원리로만 묶어 두려고 한다. 게다가 하나님의 사랑만이 완전하다는 생각에서 하나님의 사랑과 인간의 사랑은 무관하다고 오해한다. 심지어 하나님의 사랑과 인간의 사랑을 배타적 관계로 이해하여 '하나님의 완전한 사랑을 알려면 인간의 불완전한 사랑에서는 도망쳐야 한다'고 생각하기까지 한다. 예배 시간에 사랑하는 애인을 잠깐 떠올렸다는 것만으로 하나님 앞에 송구스러울 지경이다. 하나님의 사랑과 인간의 사랑은 전혀 별개인 것 같아 양자의 기로에 서서 쩔쩔매고 있다. 정말로 이 두 사랑에는 공통점이 없을까?

앞에 나온 질문을 하기 전에 하나님 없이 사랑이 존재할 수 있는지를 먼저 묻고 싶다. 하나님만이 사랑의 창조자이다. 그는 사랑 그 자체이시다. 하나님 없이는 나무도 꽃도 새도 있을 수 없듯이 사랑 역시 하나님 없이는 존재할 수 없다. 사랑은 햇빛처럼 사과처럼 인간에게 주어진 것이다. 그런데 인간은 햇빛이 누구에게서 왔는지 모르듯이 사랑도 어디서 왔는지 모른다. 사랑의 기원을 모르면서 하나님 없이 사랑이 존재할 수 있다고 착각한다. 연애, 우정, 형제애 등 이 세상의 모든 사랑이 하나님에게서 나온 것인데 말이다.

그렇다고 해서 하나님의 사랑이 연애나 우정과 동등하다는 것은 아니다. 인간 사이의 사랑은 죄로 말미암아 파괴되고 일그러졌다. 그것은 하나님의 사랑에 비한다면 찌그러진 콜라 캔, 빈 사이다 병에 채운 수돗물 같은 것이다. 그럼에도 그것은 여전히 사랑이다. 비록 불완전하고 왜곡되었을지라도 하나님의 사랑의 편린이고 그림자이기에 말할 수 없이 소중한 매개이다. 매개가 있으면 실체를 이해하기 쉽다. 아무리 하나님의 사랑만이 진짜라고 외쳐도 그 사랑을 관념으로만 떠올려 보자니 가닥이 잡히지 않는다. 연애, 우정, 형제애를 매개로 떠올려 보니 하나님의 사랑을 어렴풋이나마 그려 볼 수 있다. 그러니 부모나 친구, 형제나 애인을 단 한 번도 사랑해 본 적이 없다면 하나님의 사랑도 알지 못한다는 이야기가 된다.

하나님은 우리를 말할 수 없이 사랑하신다. 그런데 우리는 하나님을 사랑해서가 아니라, 다만 하나님이 우리를 편안하게 해 줄 것을 바라고 하나님을 믿는 것은 아닌지 모르겠다. 하나님에게서 나오는 복보다 하나님 한 분만으로 만족하는 신자가 되기 바란다. 하나님의 사랑을 알면 알수록 그 사랑의 편린인 인간의 사랑도 귀중히 여기게 된다. 하나님의 사랑과 인간의 사랑 모두 하나님에게서 나온다는 것을 알게 되기 때문이다.

하나님의 사랑을 나누는 데 인색하지 말자. 모든 사람이 받으려고만 손을 내밀 뿐, 베풀려고 하지는 않는다. 내가 죽으면 누가 서러워해 줄까를 생각하기 전에, 누가 죽으면 내가 서러울까를 생각하자. 하나님의 사랑은 우리를 만족하게 한다. 그 넘치는 사랑이 있기에 우리는 더

받을 것이 없다. 샘물에 물을 퍼 담는 것을 보았는가? 샘물은 그냥 넘칠 뿐이다. 마르지 않는 근원이 그 안에 있기 때문이다.

이게 날

괴롭혀

나를 인정하기

—

지성인이 가장 힘들어하는 때는 자신의 현재 모습과 자신이 바라는 이상적인 모습 사이에서 괴리를 느낄 때라고 생각한다. 지성인의 머릿속은 저 높은 이상으로 달려가 이미 그것을 정복했지만 현실은 그렇지 못하다. 지성을 총동원하여 자신을 채찍질해 보지만, 막상 자신의 참모습을 들여다보면 그야말로 형편없으니 갈등이 일어날수밖에. 이상이 높으면 높을수록 현재 자기 모습과의 간격은 더 커져서 갈등은 더욱 깊어진다.

이상이 높다는 것은 그만큼 발전 가능성이 많다는 것이므로 바람직하지만 그것은 동시에 자기비판의 기준도 높아지는 것이기에 문제가 된다. 자신을 바라보면서 "이래도 되는 걸까? 이래서 어쩌자는 거야?" 하며 판단 기준을 스스로 날카롭게 세운다. 이상에 집착하느라 자신의 현재를 격려하지 못하고, 지금의 자리에서 한 걸음을 내디딜 용기를 잃어버린다. 이것이 바로 자의식과잉으로 허탈감에 빠지는 경우이다.

신자가 된 이후에도 비슷하다. 이상이 높은 나머지 자신의 작은 실수 하나 용납하지 못한다. 그래서 결국 자폭하다가 하나님을 부정하는 데에 이른다. 예를 들어 술을 마신 후 괜히 찔려서 "뭐, 술 마시면 안 되는 거야? 하나님은 술맛을 모르셨기 때문이 아닐까? 아셨을 리 없지. 하나님이 정말 있는지 알 게 뭐야?" 하는 식이다. 이것은 이상과 현실의 간격을 메울 줄 모르는 소치이며 자의식과잉에서 나온 행동이다. 술을 마신 자신을 견딜 수 없어서 자폭해 버리는 것이다.

그러나 우리가 해야 할 일은 이 초라한 현실의 '나'로부터 출발하여 이상을 향해 한 걸음씩 옮겨 가는 것이다. 전쟁할 때 적군이 없으면 곧바로 우리 땅이 되는 것이 아니라 우리 깃발을 꽂아야 비로소 우리 땅이 되듯이 말이다. 맹렬한 함포사격으로 적의 고지를 초토화했다 해도 내 군홧발이 찍혀야 내 땅이 되는 것이다.

그러므로 우리는 자기의 현재 모습을 보며 갈등을 일으킬 필요가 없다. 오히려 우리 내부에서 우리 자신을 손가락질하는 자의식과잉에서 벗어나 자신을 솔직하게 인정할 필요가 있다. 자신의 형편없는 꼴을 기탄없이 드러내 보자. 실수할 수도 있다. 그게 나인 것을 어떡하겠는가? 아니라고 부정하면 아닌가? 우리에게는 용기가 필요하다. 자신의 형편없는 꼴을 보며 한숨짓더라도 거기서 주저앉지는 말자. 높은 이상을 바라보며 지금 한 걸음 더 내디딜 용기를 가져야 한다.

"네, 그래요. 하나님! 전 이렇습니다. 못났습니다. 그러나 여기서 주저앉을 수 없기로 약속된 사람입니다." 얼마나 통쾌한가? 우리는 맨 밑바닥에 있지만 하나님이 결코 포기하지 않으시는 사람들이며 장차 여기서 벗어날 것이기에 안심이 된다. 자신의 처지를 직시하자. 우리의 처지가 어떠한지 모르면 진정한 용기는 나오지 않는다. 맨 밑바닥에 있는 나의 모습을 똑똑히 직면하여 비웃음이 나오더라도 힘껏 한 걸음을 내딛자. 뼈를 깎는 노력과 고독이 따른다 해도 말이다.

자라나는 일

—

우리는 인간이 만들어 낸 예술 작품에서 아름다움과 위대함을 보게 된다. 하지만 그런 인간의 손길이 자연을 파괴하고 흉하게 만들기도 한다. 마치 깊은 산속 맑은 시냇물에 세워 놓은 어울리지 않는 조형물처럼. 어쩌면 인간이 자연을 아름답게 하는 최선의 방법은 자연을 있는 그대로 놓아두는 일이 아닐까.

이러한 전제를 우리 삶에 끌어와 보자. 친구와 친구, 신앙의 동지 사이에서 우리는 상대에게 도움을 주어야 할 부분과 한 개인을 자연 그대로, 곧 그 사람 그대로 인정해 주어야 할 부분을 구별할 줄 아는 지혜가 필요하다. 신앙, 의리, 우정이라는 이름으로 상대의 영역을 침해하여 결국 그 사람의 고유한 개성과 자유를 잃게 해서는 안 된다.

우리는 이것을 고려하지 못하고 다른 사람의 인생에 쉽게 간섭한다. 그래서 우리는 저마다의 터전에서 자연스럽게 자라나는 일에 실패하고 있다. 자라나는 일은 자신만이 할 수 있는 일인데도 우리는 다음 계단을 오르기 위한 길고 지루한 기초 훈련을 견디지 못한다. 타인에게 정지하고 퇴보하는 것처럼 보이기 싫어 초조해하고 눈치 보며 비굴하게 군다. 이는 자기 인생을 긴 안목으로 보지 못하여 배포와 여유 없이 살기 때문이다. 다른 이의 눈을 의식하느라, 서서히 자라나는 일보다는 여러 단계를 단번에 뛰어올라 정상을 차지하는 것을 목표로 하는 것이다.

지금은 무엇을 만들어 내기보다는 기초를 닦아야 할 때이다. 조급해하지 말고 자신의 인생에서 스스로를 키우려는 유유함을 갖자. 용기를 내어 성장하는 일을 회피하지 말자. 언제까지 내가 성장하지 못한 것을 누구 탓으로 돌리며 책임을 회피하고 자학할 것인가?

조금씩이라도 매일 자라 가자. 자신과 쉽게 타협하지 말고 눈을 똑바로 뜨자. 오늘 꾸중받고 싶지 않다는 나약한 생각으로 성숙해질 기회를 놓치지 말자. 자연스러운 것이 가장 아름답듯이 사람은 자기 위치에 충실할 때 가장 아름답다. 배우는 사람은 자존심이든 부끄러움이든 개의치 않고 배우기 위해 열심을 낼 때가 가장 아름답다.

게으름과 반항

—

제자가 스승에게 순종하기란 참 어렵다. 그러나 우리를 스승과 제자로 묶어 주신 뜻을 기억하며 순종해야 한다.

제자가 순종하지 않는다면 사제지간은 의미를 잃고 서로에게는 아무런 유익도 없게 된다. 물론 순종 대신 자폭을 선택할 수도 있다. 때로는 순종을 거부하는 사람이 멋있게 보일 수도 있다. 그러나 자폭은 책임을 외면한 비겁한 행동이다.

우리 부모 세대는 우리나라를 믿는 나라로 만들기 위해 목숨을 걸었다. 일생을 바쳐 기독교를 지켜 왔고 교회를 짓고 학교를 세웠다. 그런데 우리는 부모에게 또 다른 새로운 것을 요구한다. 편안한 환경, 완벽한 분위기를 만들어 주면 누리겠다고.

한마디로 게으름과 반항의 극치이다. 더 이상 윗세대에 요구하지 말자. 아니, 요구할 것이 아직 더 남았는가? 이제 남은 것은 우리가 할 일뿐이다. 자폭하고 싶은 지금의 현실을 견디며 스승과 한 약속을 충실히 이행하자. 그리고 우리의 후배는 우리보다 더 깊고 풍성한 삶을 살아갈 수 있도록 우리가 터를 잘 닦아 놓자. 참지 못하고 장렬하게 자폭하기보다 남루한 오늘 하루를 포기하지 않고 살아가는 힘든 얼굴이 더 아름답다.

진리대로 사는 용기

—

청년들이 이야기하는 모습을 보면 자신의 생각을 드러내지 않는 말장난만 하고 있다는 것을 느낀다. 그 말장난을 듣다 보면 그들이, 학교에서 배운 진리와 그 진리대로 사는 것 사이에서 갈등하고 있다는 사실을 알 수 있다. 진리를 가르치는 선생도 진리대로 살지 못할뿐더러 진리가 고작 답안지 작성에나 필요한 것으로 전락해 버렸기에 정작 실생활에서는 진리보다 요령을 더 추구한다. 그러니 청년들은 진리에 대해 진지할 필요가 없다고 생각하게 되고 그저 자신들의 자존심을 유지할 만큼만 진리를 알고 있으면 된다고 여긴다.

사실 진리가 진리인 것은 그것만이 생명으로 인도하는 가르침이기 때문이다. 하지만 지금은 진리를 따라 살고자 하는 의지가 부족한 시대이기 때문에 진리가 단순한 말장난거리로 전락하고 만 것이다.

기독교 진리 역시 말장난의 소재가 되는 것을 보니 화가 난다. 기독교인들은 진리를 소유하고 있으며 이 진리만이 참이라고 말한다. 그러면 진리대로 살아야 한다. 진리가 삶의 원리가 되지 않는 한 진리라고 할 수 없기 때문이다. 진리대로 산다는 것이 말장난이며 한순간을 모면해도 되는 것이라면 재주를 부릴 수도 있다. 하지만 순간순간 진리를 따라 순종해야 하고, 이것 없이는 결코 한 걸음도 내딛을 수 없는데 어떻게 말장난을 할 수 있겠는가?

누군가 문제에 부딪혔을 때 쉽게 "기도가 부족해서 그래. 믿음이 부족해서 그래"라고 하는, 판에 박은 듯한 대답은 하지 말자. 실은 자신이 하나님 앞에 항복하지 않아서 그렇게 쉽게 지적하는 것이 아닌가 싶다. 자기 삶에 진지해지길 바란다.

진리가 언제나 심각한 것만은 아니다. 나는 진리에 바탕을 둔 위트 있는 이야기도 곧잘 하곤 한다. 그런데 청년들은 그 농담 속에 있는 진지함을 읽어 낼 줄 모르는 것 같다. 화를 내고 엄숙을 떨어야 비로소 그 내용을 받아들이는 것 같아 답답하다. 환하게 웃으면서도 진지한 이야기를 나눌 수 있으면 좋겠다. 그리고 그런 때에 비로소 진정하게 웃을 수 있다. 각자 가진 이야기가 너무나 진중하여 그대로 꺼내 놓기에는 숨이 막혀 여유를 갖고 하는 이야기가 유머이다. 그런 유머는 고민도 없고 가치관도 없이 그저 시시덕거리는 말장난과는 근본적으로 다르다.

각자 자기 자신부터 점검하자. 진리대로 사는 사람이 삶을 직시하고 문제를 해결해 나갈 수 있다. 재주를 부리고 허세를 부리는 것은 중심을 잡고 있지 않아 흔들리기 때문이다. 진리대로 사는 것이 현실과 거리가 멀어 불가능한 길인 것 같지만 결국은 승리하기 마련이다. 눈앞에 있는 현실 때문에 우리가 가진 보석을 놓치지 않기를 바란다.

내가 가르치는 청년들에게 나의 삶이 기초한 뿌리를 보여 주고 싶고 청년들도 그런 뿌리를 소유하기를 원한다. 주께 뿌리내린 우리는 아무에게도 괄시받아서는 안되는 존재이며 다른 사람을 괄시해서도 안 된다. 진리대로 사는 진지함과 용기를 갖도록 하자.

감정 표현

—

우리는 서로 의견이 다르면 화를 내어 반대 의사를 표시한다. 하지만 의견이 다르다고 해서 화를 낼 이유는 없다. 그런데도 의견 충돌이 있을 때마다 싸우게 되는 그 이면에는 이런 심리가 있지 않나 생각된다. '나는 이 사람의 마음에 들도록 행동하고 싶다. 그렇지만 이 경우만은 아무래도 반대할 수밖에 없다. 내가 반대하면 이 사람이 날 싫어하겠지. 도대체 이 사람은 왜 날 이런 상황에 빠지게 할까? 불쾌해진다' 하는 생각이다.

사람들은 누가 자기를 싫어 하는 것을 언짢아 한다. 가능한 한 상대방의 마음에 들도록 행동하고 그의 기분을 맞춰 주고 싶어 한다. 그런데 상대방이, 내가 맞춰 줄 수 있는 한계를 넘어서는 것을 요구해 올 때에는 그것에 반대할 수밖에 없도록 만든 그 상대방이 미워진다. 그래서 화를 내게 되는 것이다. 하지만 반대하는 것과 화를 내는 것은 다르다. 그러니 누군가 나를 반대한다고 해서 속상해할 필요도 없다.

때와 장소에 맞는 감정 표현은 어떤 것일까 생각하며, 상황에 알맞은 감정 표현을 하도록 노력해야 한다.

똑똑한 것

—

우리는 똑똑함을 기준으로 사람을 판단하는 경향이 있다. 그러나 똑똑함이 사람을 판단하는 중요한 기준이 될 수 있는지 생각해 보고 싶다.

일본 대하소설《후대망》은 메이지유신과 러일전쟁을 다루고 있는데, 러일전쟁을 치르는 장면에서 노기 마레스케乃木希典라는 사람이 나온다. 그는 큰 부대의 지휘관으로, "전쟁은 오직 정신력이다! 작전은 무슨 작전이냐?"라고 하면서 러시아군의 토치카를 향해 무조건 돌격하라고 명한다. 그래서 토치카 앞에는 일본군의 시체가 쌓이고 쌓인다. 물론 그의 작전이 형편없다는 것은 일개 소총수라도 알고 있었다. 그러나 그들은 자신이 죽을 것이라는 사실을 뻔히 알면서도 토치카를 향해 무모하게 다가갔다.

그들이 이렇게 행동한 것은 노기 마레스케의 인격 때문이었다고 한다. 부하들이 충심으로 자기 말을 따르게 하는 인격, 이것이 '장長'이 갖추어야 하는 덕목이다. 장은 똑똑해야만 되는 것이 아니다. 덕과 인격을 갖추어야 한다.

우리는 똑똑해야 한다는 생각에 사로잡혀 사람을 볼 때도 똑똑한가, 아닌가로 판단한다. 우리는 영어 단어 틀리는 것을 부끄러워하고 서로 지적받지 않으려고 하기 때문에 늘 피곤하다. 우리가 똑똑해야 한다는 기준을 벗어나지 못하면 계속 고달플 것이다.

똑똑한 것을 자랑하는 사람이 있다. 그 사람하고만 있으면 피곤하고 긴장되는데, 무슨 재미가 있는가? "아! 이 세상에는 훌륭한 사람도 많구나. 우리는 우리가 할 수 있는 것을 하자" 하는 마음으로 살자. 같이 이야기할 때 즐겁고 훈훈하고 의욕이 생기고 살맛 나게 하는, 그런 인격이야말로 인간으로서 갖추어야 할 가장 중요한 요소이다.

따뜻한 사람이 되자. 피와 눈물이 흐르는 사람이 되자. 여유를 가지고 자기 위치에 돌아와서 사람답게 살자. 그가 똑똑한가 바보인가 평가하러 돌아다니지 말자. 사람을 인격적 차원에서 보지 않고, 똑똑한가 아닌가 따위의 기능적 차원에서 보니까 관계가 살벌해지는 것이다. 똑똑한 사람이 되려고만 하지 말고 사람답게 살기로 하자. 인간답게 살자!

무능함

—

시간이 흐른 뒤 지난 일을 돌아보면, 그때 더 멋있게 할 수 있었는데 하는 후회가 생긴다. 그런데 그 후회들이 쌓여야 어른이 되었을 때 진정 멋진 내용을 담게 된다. 계속 잘하기만 했던 사람은 이해하지 못하는 내용이다. 공부 잘하는 사람의 최대 약점이 공부 못하는 사람을 이해하지 못하는 것이듯 말이다. 공부를 못했다가 잘하게 된 사람은 공부 자체를 떠나 폭넓은 사람이 된다. 처음부터 공부를 잘해 자기밖에 모르는 사람보다 폭넓은 사람이 되는 것이 낫다. 똑똑함만이 큰 은사가 아니라, 실패하며 살던 것도 큰 유익이라는 것을 나중에 알게 되기 때문이다.

동창 중에 정말 착하면서 무능한 친구가 하나 있다. 무엇을 하든 잘 못해서 친구들에게 늘 비난을 듣곤 한다. 결혼 초기에, 친구들 다섯이 부부 동반으로 해외여행을 가려고 돈을 모을 때 그 친구가 회계를 맡기로 했다. 오 년쯤 돈을 모은 후에, 다 모인 자리에서 그 친구에게 모인 돈이 얼마인지 물었더니 그의 얼굴이 빨개졌다. 아내들은 그에게 왜 말을 못하냐고 다그쳤다. 그런데 우리는 아내들을 말렸다. 우리는 그 친구가 돈을 빼돌리거나 다른데 쓸 위인이 못된다는 것을 잘 알았기 때문이다. 아내들은 깜짝 놀랐지만 우리는 놀라지 않았다. 우리가 그 친구에게 돈을 맡긴 것이 잘못이었다.

그런데 이 무능한 친구가 빠지면 우리는 잘 모이지 않는다. 그 친구 없이 만나면 꼭 싸움이 일어난다. 그 친구가 있으면 그가 모든 욕을 대신 다 먹어 주어서 모두가 즐겁다. 그리고 뒤늦게야 깨달았다. 그 친구가 최고더라는 것을. 무능함과 게으름과 순함이 한 인간에게 다 들어 있으면 곤란하지 않을까? 그럼에도 우리 모두는 그런 그 친구를 가장 좋아한다. 우리는 그 친구가 있어야 모인다. 뜻밖이지 않은가?

주어진 상황

—

부모와 자녀 사이에 갈등이 생기면 부모는 자녀를 탓하고, 자녀는 부모를 탓한다. 이렇게 서로를 원망하지만 갈등을 겪은 다음 돌이켜 보면, 그 당시에는 서로가 서로에게 더 나은 상황을 만들어 준다는 것이 불가능했다는 사실을 알게 된다. 자녀는 부모가 마음에 들고 안 들고를 떠나 우선 그 조건 속에서 살아가야 한다. 부모가 성실한 사람이라거나 까다로운 성격을 가졌다거나 하는 사실은 바꿀 수 없는 것이다.

아버지를 이해하는 것은 모든 사람이 통과해야 하는 관문이다. 그것은 아버지를 향해 원망을 멈추고 아버지도 아버지 노릇하기 힘드셨겠지, 하는 이해가 아니다. 그런 아버지를 만난 조건이 나에게 전혀 손해가 되지 않는다는 사실을 알게 되는 것이다. 아버지가 이렇게 해 주었으면 더 잘되었을 텐데, 하는 마음이 사라지게 되는 것이다.

부모 된 입장에서도 자녀에게 일어나는 일에 대해 자

책을 많이 한다. 내가 이렇게 했으면 아이가 더 잘됐을까, 저렇게 했으면 더 잘됐을까 하고 생각한다. 그러나 현실에서는 그렇게밖에 할 수 없었던 인간의 한계를 알게 된다. 이렇게 어쩔 수 없었던 일들로 인하여 얻은 상처가 나중에 보면 꼭 필요한 과정이 된다. 거기에 하나님이 은혜를 담으시기 때문이다. 그래서 우리에게는 우리가 아는 조건과 우리의 능력보다 더 큰 것이 운명으로 주어지는 것이다. 이것이 기독교 신앙이다. 이렇게 가서는 절대 좋은 결과가 나올 수 없다고 말하는 것을 성경은 반대로 이야기한다.

이렇게 해서 무슨 결과가 나올까, 이렇게 해서 장래에 무슨 희망이 있을까 싶은 일들을 통해 우리는 세상의 한계를 체감한다. 또 세상에서는 이렇게 해야만 결과를 얻을 수 있고, 이렇게 해야만 행복을 누리고 승리할 수 있다고 하는데, 그렇게 승리해 봤자 별것 아니라는 것을 보게 된다. 게다가 신앙은 우리 눈에 현실성 없어 보이기도 한다. 이렇게 우리는 이럴 수도 저럴 수도 없는 여러 모순과 답답함 속에서 조금씩 자라나고 있다.

하나님의 일하심의 신비는 더 지켜보아야 알 수 있다. 지금 보이는 것은 세상이 거짓말하고 유혹하는 것뿐이지만, 그 속에서 하나님이 무엇을 하고 계시는지 오랜 시간이 지나고 나면 하나씩 하나씩 보게 된다. 그렇게 해서 우리는 훨씬 큰 안목을 갖게 되어 기꺼이 항복하는 자리에 이르게 될 것이다.

싫은 사람

—

교회에서 만나는 많은 사람 가운데 내 마음에 들지 않는 사람이 있다. 겉으로는 웃으면서 그들을 대하지만 참을 수 없을 정도로 미울 때도 있다. 그럴 때는 각자 가진 실력만큼 하기 바란다. 도저히 못 참겠다 싶을 때는 다 집어 던지고 다른 교회라도 가면 된다. 그렇게 해서 배우게 될 것이다. 성질부리면 손해라는 것을 말이다. 화를 낸다고 보상이 되지 않기 때문이다. 다 집어던질 정도가 아니라 더 심하게 아주 꺾어 버렸어야 하는 일이라도, 성질부리 면 나에게 유익으로 돌아오는 것이 없다.

화를 내면 속이라도 시원할 것 같은데 그렇지도 않다. 상대가 변하지도 않고, 제삼자가 편을 들어주지도 않는 다. 이런 일을 겪으면서 배우게 된다. '가만히 있는 것이 최선이다.' 이것을 깨닫기까지는 시간이 필요하다. 그 시 간 동안에는 여러 가지를 상상해 볼 수 있다. 총을 쏜다, 칼로 찌른다, 돌을 던진다, 삼 층에서 민다 등. 그런데 실 제로 그렇게 하면 교도소에 간다. 여기까지 생각이 미치고 나면 그다음은 눈앞이 캄캄하다. 왜 꼭 나쁜 생각만 드는 것일까? 그와 함께 눈물 흘리고 같이 기도하고 화해해 볼까, 하는 데까지는 생각이 미치지 않는다. 이런 과정을 하나님이 허락하신다는 것을 알면, 하나님이 내 마음을 다 알고 계시고 이해해 주신다는 것을 알면 훨씬 더 견딜 만한데, 이런 이해를 품고 넉넉해지려면 환갑쯤은 되어야 할까.

키가 다 클 때까지

—

1960년대는 서구에서 독특한 움직임이 있었던 때이다. 소위 히피가 등장하고 버클리 대학에서 '자유언론운동'이 시작된 시기이다. 자유언론운동을 간단히 설명하면, 정답과 명분으로 강요하지 말자, 하고 싶은 이야기는 다 하게 하자는 운동이다. 이 운동이 미국과 유럽에 건잡을 수 없이 퍼지게 되었다.

객관적 진리와 권위보다 개인의 실존과 현재가 더 중요하다는 인식이 우세한 시대가 열리게 된 것이다. 이에 프랜시스 쉐퍼Francis A. Schaeffer는, 그들은 본질에 대해 중요한 질문을 던졌지만 해답을 제대로 구하지는 못했다, 라고 평했다. 기독교 신앙으로 이야기하면 이런 비판을 한 셈이다. '각각의 필요에 알맞게 응답하지 못하고, 늘 옳은 이야기 즉 정답만을 가르쳐 주고 헤어지는 식이다. 신앙이 각자가 서 있는 자리까지 들어오지 못한다. 분명히 십 대, 이십 대, 삼십 대, 사십 대, 오십 대 등 각각의 나이에 적용되는 신앙 내용이 있는데, 그것들을 놓치고 운

명과 명분만 이야기하고 만다'라는 말과 같다.

이러한 흐름이 기독교 밖에서는 진리와 가치에 대한 저항으로 나타났다. 이것을 '포스트모더니즘'이라고 한다. 포스트모더니즘에서는 '정답', '모범'을 규정하는 풍조가 다 깨어진다. 그래서 흔히 이 시대를 '혼란'이라고 이야기한다. 모든 개인이 자신의 실존에 맞는 답을 달라고 아우성치는 때가 된 것이다.

우리가 하는 질문이 여기에 해당하는 것들이다. 그 질문들은 당장 답이 주어지는 것이 아니라, 우리가 커야 그 답을 알게 되는 문제들이다. 담을 헐어서 답을 찾으려 하지 말고, 자신이 담보다 더 커져서 밖을 볼 수 있어야 한다. 키가 크는 동안에는 담은 늘 그대로이고 나는 크지 않는 것같이 느껴진다. 그런데 내 키는 계속 자라고 있다. 키가 결국 담을 넘어서는 순간 답이 보인다. 욥기 마지막 부분에 이런 고백이 나오는 것처럼 말이다. "내가 주께 대하여 귀로 듣기만 하였사오나 이제는 눈으로 주를 뵈옵나이다"(욥 42:5).

반드시 거쳐 가야 하는 과정 속에서 생기는 질문에 대해 쉽게 답할 수 없을 때, 내가 잘못하고 있는 것은 아닐까, 이대로 끝장나는 것은 아닐까 하는 불안감을 느끼는 것은 우리가 가진 질문이 워낙 크기 때문이다. 이 질문이 해결되지 않으면 다른 것들은 다 부수적인 것처럼 느껴지는 것은 당연하다. 한편 우리가 가진 질문들을 쉽게 생각하고 아무래도 괜찮다고 안일하게 넘어간다면 키는 더 이상 자라지 않을 것이다. 키가 자라나 답이 보일 때까지 질문하고 고민하기를 멈추지 말자.

우린 왜
모였는가

단체와 개인

—

축구 경기를 하려면 축구 선수가 필요하다. 그 외의 사람들은 열심히 응원하여 선수들의 사기를 높이며 경기를 즐기면 된다.

한 단체가 행사를 할 때 모든 팀원이 대표로 나서려고 한다면 그것은 각자 자신의 위치를 파악하지 못했기 때문이다. 그 행사가 무엇을 위한 것이며 어떤 방법으로 진행되는지를 안다면 자신이 서야 할 위치를 알게 될 것이다.

탁구 시합이 있다고 하자. 이때는 탁구를 잘 치는 사람이 선수로 출전하는 것이 당연하다. 그런데 그 시합이 요구하는 실력을 갖추지 못한 사람이 나서고 싶어 한다면 문제가 생긴다. 그 열정을 탓할 수는 없지만 자신이 설 자리를 분별하지 못하고 나서는 것은 잘못이다.

한 단체가 책임자를 선출하는 것은 단체의 능률과 질서와 신속한 활동을 위해서이다. 단체가 한두 사람의 책임자만 선출하고 모두가 책임자가 될 수 없다는 사실은 각자 역할이 다르다는 것을 말해 준다. 우리는 우리의 의견과 주장을 가장 잘 전달해 줄 사람을 책임자로 선출할 권리와 책임이 있다. 또 우리 중 누군가는 대표자로 나서야 한다. 이때는 내가 아니면 할 수 없는 일을 위하여 나의 필요성과 능력을 강조해야 한다. 자신의 자랑거리를 내세우기보다 먼저 단체의 목적과 이익을 위해 단체가 요구하는 자신의 책임을 완수하자.

선배와 후배

—

나와 칼빈 중에 누가 더 잘났을까? 그야 물론 칼빈이 백배 천배 잘났다. 이런 말도 안 되는 비교를 하는 것은 선배와 후배의 자리를 알려 주기 위해서이다.

칼빈이 위대하다는 것을 어떻게 비유해 볼 수 있을까? 예를 들어 지하 이십 층, 지상 백 층인 건물이 있다면 칼빈은 지하 이 층부터 지상 팔십 층까지 총 팔십이 층을 지은 사람으로 표현해 볼 수 있다. 비록 나는 한 층도 못 지은 사람이지만, 칼빈보다 여러 세대 후에 태어난 후배로서 신앙의 선배들이 지어 놓은 백 층 건물에 올라 더 많은 것을 볼 수 있는 특권을 누리고 있다.

아프리카 설화에 이런 것이 있다. 먼 옛날 지구에 해가 두 개 있었는데, 그 둘이 번갈아 가면서 뜨고 지니 밤이 없고 늘 낮뿐이었다고 한다. 그래서 곡식도 말라죽고 사람도 까맣게 타 버리고 말았다. 어느 날 한 영웅이 나타나해 하나를 없애기로 마음먹고 해가 뜨는 산을 찾아 떠났다. 손에는 활을 들고 어깨 위에는 어린아이를 태우고 갔다. 아이를 데리고 떠나는 여행길은 무척 귀찮고 힘들었을 텐데, 영웅은 산 넘고 물 건너 해가 뜨는 산을 향하여 멈추지 않고 나아갔다.

세월이 흘러 영웅은 늙고 지쳐서 더 이상 여행할 힘이 없게 되었다. 어느덧 아이는 건장한 청년으로 성장해 있었다. 영웅은 청년에게 활을 맡기고 해가 뜨는 쪽으로 계속 걸어가라고 일러 준 뒤 편안히 눈을 감았다. 청년은 걷고 또 걸어 드디어 해가 뜨는 산에 도착했다. 그리고 기다렸다가 해가 뜨자 힘껏 활을 당겼다. 해가 부서지면서 큰 조각은 달이 되었고 작은 조각들은 밤하늘의 별이 되었다고 한다.

이 설화에 나온 영웅의 모습을 살펴보자. 이것이 선배의 역할이다. 자신이 간 길을 후배에게 전수해 주어 후배로 하여금 자신의 등을 디디고 서게 하는 사람이 선배인 것이다. 이런 선배가 있으면 발전과 진전이 있게 된다. 후배는 선배보다 잘났다, 못났다고 할 비교 대상이 아니다. 선배를 디디고 일어서서 그다음에 올 후배에게 자랑스럽게 내어 줄 등을 다져 가야 한다. 그때 자신의 등이 없이 선배에게 물려받은 등밖에 전해 줄 것이 없다면 이다음에 선배 앞에 설 낯이 없을 것이다.

후배가 선배를 존경하거나 비평하려면, 이 관점에서 해야 한다. 선배를 존경하되 기대지 말고 선배를 비평하되 부정하지 말아야 한다. 그리고 생각해야 한다. 나는 선배에게 무엇을 배울 것이며, 다음에 올 후배에게는 무엇을 물려줄 것인지를.

배움과 꾸중

—

처칠 수상은 화가가 아닌데도 미술 전람회 심사 위원으로 활동한 적이 있었다. 어느 날, 여러 차례 출품했으나 낙선한 어떤 청년이 "처칠, 당신은 그림을 그릴 줄도 모르면서 어떻게 심사 위원을 합니까?" 하고 빈정거렸다. 이 말에 처칠은 "나는 달걀은 못 낳습니다. 그러나 달걀이 곯았는지 안 곯았는지는 알 수 있습니다" 하고 대답했다.

지도자는 자신이 완벽하기 때문에 아랫사람을 지적하는 것이 아니다. 선배란 자기 때에 완성하지 못한 부분을 후배가 완성하고 거기서 한 걸음 더 나아가게 하고자 지적하고 재촉하는 사람이다. 나 역시 나의 미약한 부분을 청년들이 반면교사로 삼아서 나보다 나은 사람이 되길 바라며 열을 올린다. 다음 세대에 필요한 존재가 되라고 청년들을 몰아대는 것이다.

그런데 청년들이 나에게 꾸중을 들을 수 없다면, 아니 꾸중을 들을 만한 신뢰가 없다면 진정한 교육은 이뤄지지 않는다. 가르치는 사람이 흠이 없어야 교육이 이뤄진다고 한다면 사람을 통해서 복음을 전하시는 하나님의 뜻을 이해할 수 없을 것이다. 나 같은 사람을 통해서도 하나님의 사랑은 거침없이 청년들을 찾아간다. 하나님의 사랑은 막힘이 없다. 그 사랑이 얼마나 큰지 청년들이 깨달았으면 한다.

학생들은 배우는 중에 있기에 어리숙한 것투성이다. 그래서 교사는 누구보다도 날카롭게 청년들의 잘못을 지적하여 그들을 바로 세워야 한다. 학생들은 끊임없이 배워야 하고 지적받는 자리에 있다. 그리고 배움과 꾸중은 사랑과 신뢰가 바탕이 되어야 한다. 가르치는 사람은 사랑이 담기지 않은 꾸지람으로 상대에게 상처를 주어서는 안 된다. 학생들은 가르치는 사람의 지적이 안타까움에서 비롯한 것임을 알아야 한다. 청년들은 지도자보다 더 크게 될 사람이다. 지도자는 오직 하나님의 일하심과 예수님의 사랑을 청년들에게 알리고자 악을 쓰고 눈을 부릅뜨는 사람이다.

목표와 과정

—

누가복음 12장 49절 이하에서 예수님은 "내가 불을 땅에 던지러 왔노니 이 불이 이미 붙었으면 내가 무엇을 원하리요 나는 받을 세례가 있으니 그것이 이루어지기까지 나의 답답함이 어떠하겠느냐"라고 말씀하신다. 예수님의 심정이 이렇게 적나라하게 드러나 있는 성경 구절도 드문 것 같다. 예수님에게 가장 시급한 것은 이 땅에서 구원이 이루어지는 일이며, 그 일 때문에 예수님은 마음이 답답하셨을 것이다. 그런데 정작 예수님이 공생애 중에 하신 일은 사람들의 병을 고쳐 주시고 귀신을 쫓아내시고 주린 자들을 먹이시는 것이었다.

사실 예수님에게 가장 중요한 일은 구원의 완성이었다. 그러니 병을 고치시고 사람들을 먹이시는 일은 구원의 완성에 비하면 하찮아 보이는 일이다. 그런데 사람들은 예수님에게 와서 병을 고쳐 달라고 하고 먹을 것을 달라고 애걸복걸했다. 이런 사람들을 향해 예수님은 "믿음이 없는 세대여" 하고 한탄하셨다(막 9:19). 그럼에도 예수님은 아픈 이의 병을 고쳐 주시고 주린 자에게 먹을 것을 주셨다. 예수님은 사람들을 사랑하시고 불쌍히 여기셨기에 그 일을 하신 것이다.

교사도 학생을 가르칠 때 예수님과 같은 태도로 임해야 하며 그런 마음으로 청년들을 교육했으면 한다. 청년들을 성숙한 기독교인으로 키우는 것이 목표가 되어야 한다. 지금 청년들은 그곳을 향해 걸어가는 중이다. 목표를 향해 가고 있는 것이 그들의 삶이며 거기에서 부딪히는 문제는 연애, 고독, 방황과 같은 것이다. 지금 청년들이 가장 중요하게 여기는 일은 연애이며 취업이며 고독이다. 그들에게 가장 시급한 일에 대하여 같이 울고 웃어 주는 교사가 되자. 궁극의 목표만을 가리키며 청년들의 삶 밖에 서서 감독하는 해설자가 되지 말자.

청년부에서 학생들이 참여하는 일, 오락, 연애, 영화 감상 모임에 되도록 함께해 주자. 그것이 최종 목표는 아니더라도 말이다. 청년들이 애쓰며 부딪혀 나가야 할 삶이 최종 목표이다. 아직은 목표를 향해 힘겹게 걸음을 내딛는 중이다. 그 길에서 그들은 연애로 고민하고 취업난으로 어깨가 초라해질 수밖에 없다. 그러니 연애 문제로 고민하는 청년을 한심하게 여겨서는 안 된다. 그런 일이 최종 목표는 아니지만 모두가 헤쳐 나가야 하는 삶이기 때문이다.

구원을 완성하는 일이 시급했음에도 불구하고, 예수님의 생애는 병을 고치고 귀신을 쫓아내는 일들로 점철되어 있었다. 그리고 그가 하신 일들이 구원과 연결되자 더욱 빛을 발하게 되었다.

나도 그렇게 가르치려고 한다. 어디에서나 최종 목표인 예수 그리스도를 기본으로 삼아 가르치겠지만 청년들이 부딪혀야 하는 일상도 외면하지 않을 것이다. 왜냐하면 누구에게나 인생이라는 짐은 무거우며 그것을 같이 나눌 수 없다면 함께 가는 것이 아니기 때문이다. 인간은 하늘이 아닌 땅에 발을 딛고 사는 존재이며 사랑과 관심이 필요한 존재이다.

잘 가려야
잘 큰다

존경하는 사람

—

청년들은 누구를 존경할까? 존경이란, 나도 그분같이 되고 싶다는 마음의 표현이라고 할 수 있다. 그런데 우리는 누구를 존경하면 마치 그 대상과 자신이 동일시되는 것으로 착각하기도 한다. 이를테면 한 학생은 베토벤을 존경하고 다른 학생은 교회 성가대 지휘자를 존경한다고 말할 때, 베토벤을 존경하는 학생은 괜히 어깨가 으쓱해진다.

이것은 말이 안 된다. 성가대 지휘자를 존경한다고 해서 베토벤에 대한 존경심보다 못하지는 않다. 어느 음악가를 존경한다면 무엇보다도 먼저 그 사람의 음악성, 열정, 의지, 인격을 아는 일이 중요하다. 그런데 왜 한 학생에게만 우쭐거림이 생겨났을까? 단지 그 대상의 명성만 의식하기 때문이다.

우리의 존경심을 들여다보면 실상 부러움과 욕망에 불과한 경우가 많다. 따라서 존경의 대상은 늘 유명하고 잘난 사람들이다. 마치 더 큰 비전을 품는 것을 더 잘난 것으로 생각하는 것이다. 그러나 사람의 됨됨이를 꿈의 크기로 따질 수는 없다.

이런 잘못된 생각이 학생들을 사로잡게 된 것은 부모와 이 사회가 요구하는 성공의 기준이 비인격적이고 물질주의적이라는 데 있다. 학생들이 존경하는 대상이 모두 유명한 사람들인 것은 곧 성공한 사람만이 훌륭한 사람으로 평가되기 때문이다. 비전을 품는 것마저도, 이루어야 할 나의 꿈이기보다 그 정도는 되어야만 만족할 수 있는 자기 환상에 불과하다.

이렇게 평가하는 것이 너무 심하다는 생각이 드는가? 그럼 각자 자신에게 이런 질문을 해 보자. 나는 존경하는 사람이 있는가? 그 사람의 무엇을 존경하는가? 그리고 그 사람처럼 되기 위해 지금 이 순간 열심을 내고 있는가? 자신의 모자람을 감추기 위하여 '베토벤'을 내세워서는 안 되겠다.

미국 간 내 친구

—

종종 청년들의 이야기를 옆에서 듣고 있으면 좀 이상한 생각이 든다. 자기 사는 이야기를 하는 것이 아니라 모두 친구 이야기만 하고 있으니 그렇다. 왜 청년들이 자기 이야기를 하지 않을까? 답은 간단하다. 이야기할 것이 없기 때문이다. 그런데 친구 이야기는 열을 내면서까지 한다. 이유는 무엇일까? 지고 싶지 않아서이다.

"내 친구는 태권도 이 단이야."

"얼마나 했대?"

"삼 년 했나 봐."

"군대 간 내 친구는 이 년 만에 사 단 땄어."

"미국 간 내 친구는 체육관에 가서 딱 십 분 구경했는데 육 단 땄어."

재미있는 대화이다. 결국 두 사람의 대화는 누구 입에서 더 대단한 기행이 나오느냐를 따지는 싸움이 되고 만다. 왜 우리는 상대방의 이야기를 그냥 들어 주지 못하고 꼭 기를 꺾어 놔야 속이 시원할까?

"내 친구는 스케이트를 무척 잘 타."

"와, 멋지다. 참 좋겠다."

왜 이런 말은 못해 주는 것일까? 생각해 본 적 있는가? 마음에 여유가 없어서 그렇다. 누구는 스케이트를, 누구는 테니스를, 누구는 피아노를, 누구는 태권도를 잘하는데, 나만 잘하는 것이 없어서이다. 밥 잘 먹는 것, 낮잠 잘 자는 것밖에 없다. 나도 상대방에 기죽지 않을 무엇인가가 있어야 할 텐데 없는 것이다. 상대방의 장점을 인정해 주면 끝나는 문제가 아니라 그것이 나의 약점, 나의 못남에 대한 증명이 되니 견딜 수가 없다. 그래서 기를 쓰고 반대한다. "너나 네 친구들이 가진 것은 별것 아니다. 자랑하려면 이 정도는 되어야지."

그래서 몽땅 다 별 볼일 없는 사람으로 때려잡고는 "겨우 그 정도 하느니 차라리 나처럼 가만히나 있지. 그러면 창피도 안 당하고 중간은 갈 것 아냐!" 하고 자신의 무능과 나태를 변명하는 것이다.

배우가 야구 선수의 배팅 폼에 왈가왈부할 필요가 있겠는가? 박수 쳐 주고 칭찬하고 자기 할 일 하러 가 버리면 그만이다. 그런데 우리는 박수 쳐 주고 칭찬할 여유가 없다. 자기 할 일 하러 훌쩍 떠날 곳도 없고 박수를 받을 만큼 잘할 수 있는 일도 없기 때문이다. 앉아서 미국 간 친구 이야기를 하는 대신 자기 일을 하자. 자신을 성장시키자. 아무리 내 친구가 잘났어도 그가 내 삶을 대신 살아 주지 않는다. 그는 단지 미국에 간 친구에 불과하다.

방학 숙제

—

휴가철이 되면 공항이나 터미널은 여행 가는 사람들로 가득 찬다. 가만히 보면 사람들은 여행 자체에 목적이 있는 게 아니라, 지금까지의 생활에서 해방되어 자유를 누리고 싶어 떠나려는 것 같다.

청년들도 방학이 되면 '학교와 교회를 떠나 한번 자유롭게 뒤흔들어 보고 싶다'는 생각을 할 것이다. 이런 생각은 지금까지 그들이 자유를 누리지 못했다는 사실을 반증하는 셈이다. 청년들은 자기들에게 시간과 자유가 주어질 경우, 진리를 향해 살며 절제하기보다는 한번쯤 발악해 보고 싶은 충동을 느끼는 것 같다. 자신들의 상황에 위축되어서 기를 펼 겨를이 없었던 것이다. 그래서 항상 '언젠가는 마음껏 한번' 하고 벼르고 있었는지도 모르겠다.

청년들이 교회에 나오는 것도 스스로 나오고 싶어서 나왔다기보다는 그나마 교회에서만은 인정받을 수 있기에 할 수 없이 나와 있는 것이 아닌가 싶다. 이유야 어찌

됐든 우리는 교회에 나와 하나님 앞에 앉아 있다. 어떤 억눌림이나 두려움 속에서 끌려 나왔다고 생각되어도 어쨌든 지금 하나님 앞에 서 있다.

하나님은 결국 우리로 밤중에 일어나서 노래하게 하시며 우리에게 사랑과 기쁨과 자유를 언제나 넘치듯 허락하시는 분이다. 어쩌면 우리는 지나치게 억압되어 있는 것이 아닌가 싶다. 하나님 앞에 "나의 모든 것을 당신께 바칩니다. 당신이 나에게 할 일을 가르쳐 주소서" 하는 마음으로 서 있을 때 우리는 진정한 자유와 사랑을 느끼게 될 것이다.

평소에는 지킬 박사처럼 점잖게, 방학 때는 하이드처럼 사납게 굴고 싶은가? 자신이 '지킬 박사와 하이드'처럼 이중적 태도로 행동하면서 스스로의 성장을 저해하고 있지는 않은지 생각해 보자. 그리고 하나님이 주신 자유와 사랑이 무엇인지 확인해 보는 시간을 보내기 바란다.

시간은 동일하게 흘러간다. 시간은 저마다 다른 내용을 담고 있지만, 하루는 스물네 시간으로 똑같이 흘러간다. 기쁨에 찬 시간이 살아 있는 시간이라면 고통과 아픔을 느끼는 시간도 살아 있는 시간이다. 그런데 지나온 시간을 가만히 들여다보면 텅 비어 있는 것 같은 시간이 너무나도 많다. 그 시간들은 죽은 시간이다. 청년들의 방학이 죽은 시간으로 남지 않기를 바란다. 자기 자신을 확인해 보는, 살아 있는 시간을 보내기 바란다.

연애

—

청년들의 최대 관심사 중 하나는 연애이다. 연애에 관심이 많은 만큼 나는 청년들이 이 시간을 통해 좀 더 성숙하고 책임 있는 인격으로 자라 가도록 최선을 다하여 돕고 싶다.

그런데 청년들은 이성 교제에서 종종 주위나 부모의 반대에 부딪치면 자신이 책임을 지는 자리에 서지 않으려 한다. 그래서 단지 본능에 따른 낭만적인 사랑만 꿈꾼다.

사귐이 깊어져 서로 책임을 지는 결정을 해야 할 때가 오면 '이건 아니다'라는 생각이 들기도 한다. 이런 경우 대개 남자들은 자기가 전에 한 고백에 발목 잡히기 싫어서 '무례함'으로 '절교'를 표현한다. 의도적으로 무례하게 굴어 여자로부터 '차이는' 방법을 택한다. 여자의 경우는 좀 다를 것이다. 어쨌든 각자 여러 가지 수단과 방법을 총동원해서 '차이는' 일에 성공하고 나면 두 사람은 어색한 사이가 된다. 아니, 어색함보다 적대감으로까지 비화되어 '연

애하지 말 것을……' 하는 후회와 함께 모든 이성에 대해
마음의 빗장을 단단히 채운다.

청년부를 떠나는 대다수가 이성 문제로 떠나는 경우
가 많다. 하지만 청년부를 떠난다고 문제가 해결되지는
않는다. 실패한 교제에서 비롯한 상처는 상대가 치유해
주는 것이 아니다. 먼저 스스로를 용납해야 한다. 남녀가
만나다 보면 헤어지기도 하는 법이다.

연애에 실패하게 되면 이렇게 말하곤 한다. "그가 나
타나지만 않았어도 나는 행복했을 텐데." 말하자면 방해
자가 없어야 비로소 행복할 수 있다고 생각하는 것이다.
자신이 좋아하는 달리기 선수가 올림픽에서 7위를 했다
고 하자. "아, 그 선수 혼자 달렸으면 일등 할 수 있었을 텐
데." 이렇게 말할 수 있을까? 나 홀로 뛰는 경기에서 일등
을 한들 무슨 영광이 있을까? 이것은 스포츠뿐만 아니라
연애에서도 마찬가지이다.

서로가 기꺼이 항복할 수 있을 것 같은 사람을 택하자.
또 자신에게 절실한 사람을 택하자. 사랑의 고백은 단지
호감을 표현하기 위한 수단이 아니라, 책임감 있게 나누
는 인격적 대화임을 기억하기 바란다.

가출

—

집집마다 자녀와 부모 사이에 말다툼이 있고 그런 일로
자녀가 며칠씩 집을 나가는 일도 생긴다. 그런데 이런 가
출이 무엇을 의미하는지, 부모는 물론 가출한 자녀도 잘
모르는 것 같다. 부모와 자녀가 싸우는 모습은 대개 이
렇다.

자녀 그건 제가 잘못한 게 아니란 말이에요. 잘 생각해
보세요.

부모 아니, 이 녀석이 어디 눈을 부릅뜨고 부모한테 말
대답이야?

자녀 괜히 할 말 없으니까 말대답으로 몰고 그러네요.

부모 어! 이놈 봐라. 너, 길을 막고 물어 봐라. 부모한테
얼굴을 붉히고 덤비는 자녀가 있는지.

자녀 길은 왜 막아요?

부모 아니, 얘가 또!

자녀는 휑하니 집을 나가 버린다. 도무지 대화가 되지 않는다. 잘잘못을 따지는데 난데없이 길은 왜 막고 말대답은 왜 오르내리는지 모르겠다. 한편 부모 생각은 다르다. "아니, 이 녀석이 좀 크더니 부모한테 감히 대들어?"

자녀는 가출로써 자기가 부모의 강권에 의해 항복할 수 없는 존재라는 것을 시위한다. 그런데 부모의 강권에서 벗어나 독립적으로 살 수만은 없다는 것을 곧 현실에서 깨닫게 된다. 집을 나오니 배가 고프고 갈 곳도 없다. 친구 집을 전전하며 끼니를 때우고 영화도 보면서 며칠은 보낼 수 있다. 그러나 곧 평생은 고사하고 한 달도 그렇게 살 수 없다는 것을 뼈저리게 느끼고, 결국 돌아온다. 부모는 일단 마음을 놓는다. "그럼 그렇지. 제까짓 게 갈 데가 있나? 이제야 집 귀한 줄 알겠지."

부모들이 착각하는 대목이다. 자녀들은 가출한 경험을 통해 가정의 소중함을 깨닫게 되지 않는다. 오히려 자신이 이렇게 구걸하다시피 자유를 저당 잡혀야만 살아갈 수 있다는 사실에 초라함을 느낀다. 자녀의 가출이 한 번으로 끝나지 않는 이유이다. 가출해서 나쁜 친구를 사귄 탓일까? 아니다. 그들은 절망하고 있는 것이다. 집 외에는 쉴 곳이 없는데, 그나마 집이라는 데가 감옥같이 숨 막

히며 대화가 통하지 않는 곳이라는 사실에 대해서 말이다. 그들은 이 창살 없는 감옥에서 그다지 살고 싶지 않다는 것을 온몸으로 표현한다. 술도 마셔 보고 담배도 피워 보면서 말이다.

"나는 사는 것이 아닙니다. 날지 못해 잡혀 있을 뿐입니다."

충고

—

충고라고 해서 그것이 다 옳은 말이라고 할 수는 없다. 남에게 충고하기 전에 먼저 왜 충고하려는 마음이 생겼는지 생각해 볼 필요가 있다. 상대를 고쳐 보려는 마음에 충고하는 경우가 있기 때문이다.

충고는 그 사람을 사랑할 때에만 가능하다. 선생이나 선배라고 해서 무조건 충고할 수 있는 것이 아니다. 상대방을 진심으로 위하는 사람만이 충고할 수 있다. 진실로 그 대상에게 신뢰를 받고 내가 그를 사랑할 때에만 그를 위해 충고할 수 있는 것이다. 사랑하지도 않으면서 충고한다면 그것은 상대에게 아무런 도움이 되지 않는다.

또한 신앙적 충고라는 미명 하에 오히려 상대에게 상처를 주는 일이 많다. 예수 그리스도는 사람들을 비난하려고 충고하신 적이 없다. 오직 진리를 왜곡하는 행동에만 시비를 거셨다. 그는 바리새인이 가진 진리에 대한 수준을 시비하지 않으셨다. 그는 바리새인이 진리를 왜곡하는 것에 대해서만 꾸짖으셨다.

그런데 우리는 종종 상대방이 진리를 왜곡하는 것이 아닌데도 진리에 대한 상대방의 수준이라든가 게으름 같은 것에 날을 세운다. 도대체 그리스도가 누구인지 모르는 것 같다. 충고하기에 앞서 상대방을 용납할 마음, 그의 이야기를 진지하게 들어 줄 마음을 품기로 하자.

진정한 도움

—

사람들이 지도자를 평가할 때 흔히 저지르는 잘못이 있다. 담당하는 학생 수가 많고 도덕적으로 흠이 없는 지도자를 가장 높게 쳐 주는 식이다.

지도자가 문제아를 위해서 매일 기도한다고 해 보자. "얘야, 나는 네가 거듭나기를 바라며 매일 기도한다." 지도자가 그렇게 말하고 나면, 그 아이의 타락은 지도자와 아무 상관없는 일이 되고 지도자는 아이에 대한 임무를 잘 수행한 자로 평가된다. 그러나 그렇게 기도한다고 말하는 것으로 그 아이가 당장 회개하지는 않는다.

보통 청년들의 문제는 훨씬 복잡하고 자질구레하다. 뛰어들어 보면 삼각관계라든가 술, 담배 문제 등 이리저리 얽혀 있어 어디서부터 어떻게 해결해야 할지 알 수 없다.

물에 떠내려가는 이를 보고도 강 건너 언덕에 앉아서 기도만 하면 될까? 그를 구하려면 뛰어들어야 한다. 물에 빠진 자를 잡아 끌어내지 않고 구할 방법은 없다. 그가 빠진 강물에 뛰어든다고 해서 나까지 그에게 휩쓸려 타협함을 의미하지는 않는다. 그는 강물에 쓸려 떠내려가는 것이고 나는 휩쓸려 가는 것이 아니라 물살을 가르고 접근하여 그를 구하려는 것이다. 구정물에 손을 담그지 않고 설거지할 수 있는가? 예수님의 성육신을 생각해 보자. 우리를 구원하기 위해 신이 인간의 몸을 입으셨다.

누구를 위해 기도하는 일은 그에게 가장 필요한 도움을 주는 일과 병행되어야 한다. 지도자가 많은 학생을 불러 모으는 것이 그들의 영혼을 위해서인지 아니면 자신을 능력자로 보이기 위해서인지 생각해 보아야 한다. 갈급한 심령들을 외면하면서 그들의 머릿수만으로 뿌듯해하지 말자.

아름다운 모방

—

어린 시절에 나는 항상 남산 곁에 있었다. 그런데 언제부터인가 남산이 별로 높지 않은 산이라는 것을 알고 언짢았다.

우리는 성장하면서 존경할 만한 사람이 없다는 것을 알게 되어 고민한다. 모방하고 싶고 항복할 만한 대상이 없다는 것이다. 우리가 모방하고 항복하려고 했던 사람들의 모습이 너무 우습고 치사하고 아니꼽다. 존경할 어른이 없는 삶 속에서 우리는 어느새 스스로에게도 만족하지 못하는 사람이 되어 가고 있다.

청년들이 이런 가난한 삶에서 벗어나, 이제는 자신들이 후배에게 항복받고 모방받을 만한 대상이 되길 바란다. 누군가의 존경을 받고 항복을 받을 만한 인품을 가져야 한다. 사람의 성장은 신뢰하고 존경하는 대상을 모방하는 것에서 시작된다.

독일군과 미군이 전투 중에 있었다. 패배 직전에 있던 미군이 급기야 쓰러지고 말았다. 그때 한 미군 병사가 일어섰다. 그는 몇 발자국도 걷지 못하고 쓰러지고 말았다. 두 번째로 다른 미군 병사가 일어섰다. 그도 깃대를 세우지는 못했다. 세 번째 미군 병사가 일어섰다. 그는 무사히 깃대를 꽂았다. 포화 속에서 깃대를 꽂은 사람은 세 번째 병사이지만 그가 깃대를 꽂을 수 있었던 것은 그를 분발시킨, 먼저 일어난 두 병사가 있었기 때문이다.

틀과 원리

—

우리나라 교육과정에는 초등학교 육 년, 중학교 삼 년, 고등학교 삼 년으로 짜인 '틀'이 있다. 하지만 꼭 초등학교 과정을 육 년 안에, 중학교 과정을 삼 년 안에 마쳐야만 하는 것은 아니다. 단지 그 정도 기간을 가장 알맞다고 여겨 그렇게 정해 놓은 것이다.

어떤 사람에게는 중학교를 사 년 동안 다니는 편이 더욱 효과적일 수 있다. 남들은 삼 년이면 마칠 과정을 사 년 동안 다닌다고 해서 부끄러워할 필요는 없다. 에디슨은 학교에서 쫓겨났고 아인슈타인은 수도 없이 낙제했다.

우리는 우리 자신을 정해진 틀에 맞추기에 급급하다. 그러다 보면 융통성도, 유연성도, 창조성도 없는 사람이 되고 만다.

자기를 어떤 틀에 맞추려고만 하는 것은 무의미하다. 틀이란 원리가 적용되는 방법일 뿐이다. 개인이든 단체든 틀을 가지고 있다. 틀은 우리에게 기준이 되고 저력이 된다. 하지만 틀로 인해서 어떤 원리를 적용하는 것이 곤란하게 된다면 틀은 미련 없이 바꾸어야 한다. 원리가 가장 잘 실행될 수 있는 방법으로 고쳐야 한다는 뜻이다.

나는 청년부에 와서 몇 가지 틀을 깨고 새로운 틀로 바꾸었다. 하지만 이 새로운 틀 역시 고착되어서는 안 된다. 틀은 환경에 따라 바뀔 수 있는 것이다. 다만 그 원리만을 남기자. 고정된 틀만을 고수해서는 안 된다. 대신 원리를 배우고 이해하자. 하나님의 말씀에 기초한 삶을 살아가자. 하나님의 원리가 우리에게서 실현되도록 연구하고 의논하고 애쓰자. 성경 원리를 실천하는 틀을 만들고, 그것이 성경 원리에 저촉되면 고치고 바꿀 수 있는 용기와 인내를 갖자. 그리고 그 과정에서 주저앉거나 좌절하지 말자. 또한 자신의 틀로 남을 평가하거나 강요하는 일이 없도록 하자.

어느 누구도 다른 이에게 강요할 수 없다. 그러나 하나님은 우리에게 강요하실 수 있다. 오직 하나님만이 우리를 위해 강요하신다. 오직 우리 영혼의 유익을 위해 그렇게 하시는 것이다. 우리는 그런 자리에 모여 있다.

복과 영광

—

우리나라 사람들은 복을 참 좋아한다. 그래서 기독교 신
앙을 받아들일 때도 복 받기를 갈망하는 마음이 크다. 신
자로서 살아가는 동안에 당하는 고난을 무조건 피하려고
만 하며 고난의 참뜻에 관심을 두지 않는다. 물론 성경에
하나님을 순종한 이들이 물질적 복을 누렸다는 이야기도
있지만 그렇다고 단순히 '예수를 믿으면 부자 되고 건강
해진다'는 공식을 만들어 내는 것은 잘못이다.

예를 들어 "사랑하는 자여 네 영혼이 잘됨 같이 네가 범
사에 잘되고 강건하기를 내가 간구하노라"(요삼 1:2)라는
말씀과 "오직 여호와를 앙망하는 자는 새 힘을 얻으리니
독수리가 날개치며 올라감 같을 것이요 달음박질하여도
곤비하지 아니하겠고 걸어가도 피곤하지 아니하리로다"
(사 40:31)와 같은 구절은 신자가 되면 세상에서 복을 받
을 것이라는 말씀으로 보인다.

그러나 요한삼서 1장 2절은 '네 영혼이 잘됨 같이 범
사에 잘되고 강건하기를 간구한다'라는 것이지 결코 네

영혼이 잘되면 범사에 잘된다는 약속이 아니다. 또 이사야 40장 31절을 '여호와를 앙망하는 자는 독수리 같다고 했으니 우리도 독수리가 되어 신나게 뛰어 보자'라고 해석하면 곤란하다. 이 말씀은 여호와를 앙망하는 자는 독수리같이 새 힘을 얻을 것이라는 뜻이지, 여호와를 앙망하면 독수리같이 용맹하고 힘이 세어질 것이라는 뜻이 아니다.

성경은 결코 예수를 믿으면 부자가 되고 모든 일이 잘된다고 말하지 않는다. 오히려 기독교인은 세상에 속하지 않았기에 세상에서 핍박을 받는 것이 마땅하다고 쓰여 있다. 하나님은 오직 하나님 나라에서 누릴 영광을 약속하실 뿐이다. 기독교인의 삶은 고난을 통해서 주어지는 하나님의 영광으로 유지되는 것이다. 그리고 하나님의 영광은 세상의 복과는 비교할 수 없는 것이기에 우리로 환난 속에서도 용솟음치듯 기쁘게 살아갈 수 있게 하신다.

우리가 언제부터 세상적 복과 하나님의 영광을 동의어로 쓰기 시작했는지 모르겠다. 신자답게 살기 위해서는 기독교에서 말하는 복을 세상적 개념이 아니라 하나님의 영광과 연결지어야 한다.

경유지와 목적지

—

'구원의 확신'이라는 단어를 많이 사용하고 있고 특히 수련회에서 자주 구호로 내걸고 있다. 이 말이 무엇을 의미하며 또 어떻게 사용되어야 하는지 생각해 보자.

먼저 이런 비유를 들어 볼 수 있겠다. 예를 들어 수원에서 시청을 찾아가는 약도를 그린다고 해 보자. '수원 → 한강 → 삼각지 → 서울역 → 남대문 → 시청.' 수원과 시청 사이에 이 정도의 중간 표지는 있어야 한다. '구원의 확신'은 여기서 중간 표지인 '한강'에 비유해 볼 수 있겠다. '구원의 확신'이라는 단어가 있기 이전에는, 수원은 죄인된 현실 곧 불붙는 지옥으로, 시청은 찬란한 천국으로, 그 사이는 '예수님'과 '십자가'와 '예정론'이 뒤섞인 '비빔밥'처럼 보였다. 천국을 자세히 묘사해 준다고 잘 찾아갈 수 있는 것도 아니고 지옥에 대해 아무리 겁을 준다 해도 피해 갈 길을 모르니 초조할 뿐이었다.

'구원의 확신'이라는 단어를 제시하자, 우리는 수원을 떠나 시청을 찾아가는 데 기본이 되는 중요한 기준점을 갖게 되었다. 바로, 한강을 넘는 것이 수원에서 출발한 우리가 시청을 향해 옳게 가고 있다는 이정표 역할을 한 것이다. 그런데 한강을 넘었다고 곧 시청이 나타나지는 않는다. 우선 한강을 넘고 나면 진행 방향대로 얼마만큼 더 나아가 볼 것이다. 이때 가 볼 수 있는 한계는 마음껏 나가 본 후 다시 한강을 찾아 되돌아올 수 있는 지점까지이다.

열심히 가고 있는데 시청이 안 보이면 어떻게 해야 할까? 한강으로 되돌아오는 수밖에 없다. 그곳이 가장 확실한 지점이기 때문이다. 한강으로 되돌아와서 이번에는 다른 방향으로 가 본다. 서부이촌동, 동부이촌동, 삼각지 등· 반경 몇 키로 이내를 샅샅이 뒤져도 시청은 보이지 않는다. 다시 불안해진다. 그때마다 한강으로 돌아와 잠시 위안을 삼고 다시 도전한다. '여기가 한강 맞는데 어떻게 된 것일까?' 한번 실감 나게 한강을 건너도 보고 그렇게 다시 찾아본다. 그런데 이렇게 다섯 번 시도해 보고 나서도 시청이 안 보이면 이제는 근본적인 의심이 생긴다. '과연 이게 한강이 맞을까? 혹시 소양강 아냐?'

우리 경험이 이와 비슷하지 않을까? 구원의 확신이 있다는 것은 자랑할 일이 아니라 우리가 어디쯤 왔는지 알게 해 주는 이정표인 것이다. 결국 구원이란 시청에 도달하는 것이다. 한강을 건넜다는 것은 올바른 시작을 했다는 것이고 또 가장 중요한 고비를 넘긴 증거이기도 하다. 그러나 한강이 시청은 아니다. 그러니 한강을 발견한 감격에 머물러 있어서는 안 된다. 그렇다고 시청의 사진을 가지고 있다는 것으로 만족하고 있다면 그것도 잘못이다.

하지만 진짜 문제는 한강을 목적지로 여기는 사람이 있다는 것이다. 이런 사람들에게 성장과 열매란 많은 사람이 한강을 건너는 그 자체에 있으며 또 그들을 위해 자신이 유능한 안내인이나 보조자로 일하는 것이다. 그러나 성경은 '구원의 완성'까지 말하고 있다. 한강에 머무를 것이 아니라 시청에 도달해야 한다.

그리고 또 하나의 문제는 시청 모습이 담긴 컬러사진을 소유한 것으로 시청에 도착했다고 생각하는 사람이 있다는 것이다. 실제로 시청에 도달해야 하는데 말이다. 시청을 도달해야 할 목적지로 인식할 때 우리는 한강에 머물러 있을 수 없다. 그래서 삼각지를 찾고 서울역을 찾아 약도에 기록하고 설명을 첨가한다. '갈월동에서 굴다리로 들어서지 마라.' '서울역에서 퇴계로로 빠지지 마라.'

여기서 말하는 성장은 구원의 완성이며 목적지에 도달하는 것이다. 유능하다는 개념이 아니라 훨씬 전인격적인 것이다. 하나님은 우리가 구원의 완성을 향해 갈 때 인생에 불어닥친 시련을 견디며 성숙하게 반응하기를 원하신다.

이제 수원, 한강, 시청뿐인 우리의 약도에 삼각지를 그려 넣자. 제대로 찾아가기 위해서 우리는 어쩌면 수많은 시행착오를 감수해야 할지 모른다. 그러나 결국 승리할 것이다. 우리의 구원을 완성하실 분은 하나님이시기 때문이다.

이원론

—

신명기는 '다시 말한다'는 뜻을 지니고 있는데, 이스라엘 백성이 출애굽 하여 가나안까지 가는 과정을 총정리한 성경이라고 할 수 있다. 신명기는 출애굽기나 레위기에 비해 구체적이다. 그 내용을 보면 하나님만 사랑하라는 대목과 삶에서 어떻게 행동하라는 구체적 가르침으로 나뉘어 있다. 그래서 사람들은 신명기를 이원화해서 보기 시작했다. 곧 '하나님만 사랑하라'라는 부분만 신앙의 영역으로 생각하고 '구체적 지시들'은 도덕의 영역으로 분리한 것이다. 이렇게 우리는 무엇이든지 재빠르게 하나님의 것과 일반의 것으로 갈라놓으려고 한다.

우리는 인간의 의지, 인간애, 인간미 등은 세상의 영역이라고 생각하지, 기독교의 영역이라고 생각하지 않는다. 인본주의로 흘러가서는 안 된다는 생각에 세상을 적극적으로 살아 내지 못하고 소극적이고 무력하게 반발하는 것이다.

청년들이 모든 것을 하나님 것과 세상 것으로 이분하

132

는 것이 안타깝다. 우리는 자꾸 기독교다운 것은 인간적이거나 세상적인 것이 아니라는 식으로 생각한다. 그러나 이 세상에 하나님이 만드시지 않은 것이 있는가? 하나님이 관여하시지 않는 영역이 있는가? 비록 타락했어도 이 세상은 여전히 하나님의 것이다. 세상이 만들어 놓은 문화와 기독교 문화가 문화라는 본질에서 차이가 나는 것은 아니다. 다만 그 방향과 가치 설정이 다른 것뿐이다.

예수 믿는 사람들은 상식이 없고 무례하다고 종종 욕을 듣는다. 우리도 약속 시간, 공공질서 등 사소한 데서 자주 실수한다. 왜 그럴까? 가장 중요한 것을 알고 있으니까 다른 것들은 무시하고 살아도 괜찮다는 생각이 있어서이다. 이것은 하나님 것과 세상 것을 갈라놓고서 한쪽은 중시하고 다른 한쪽은 경시하는 태도이다. 하지만 약속 시간, 공공질서 등 사소한 현실적 규범도 하나님의 것이다.

하나님은 당신의 자녀로 삼으신 우리를 세상 속에서 살아가도록 하셨다. 하나님은 당신의 자녀인 우리가 삶에서 하나님의 사랑과 은혜와 자비를 드러내기를 요구하신다. 그래서 신명기를 보면 하나님은 생활의 세세한 면, 곧 저당 잡는 일에 대해서까지 말씀해 주신다. "네 이웃에게 무엇을 꾸어줄 때에 너는 그의 집에 들어가서 전당물을 취하지 말고"(신 24:10). 그런데도 하나님 것, 세상 것으로 분리하여 한쪽을 소홀히 할 수 있겠는가?

우리는 구원받았다는 생각으로 세상의 것을 간단히 넘어가 버리려는 경향이 있다. 그래서 하나님의 풍성함과 은혜를 가리고 있다. 하나님이 주신 풍성함을 세상 사람들이 알 수 있도록 세상의 것을 하나님의 마음으로 바라보자.

하나님이 우리를 구원해 주신 큰일의 배경에는 그분의 사랑과 긍휼이 있다. 그래서 우리에게 사랑하라고 하시며 긍휼을 베풀라고 하신다. 우리가 받은 구원을 다른 이에게도 전한다고 하면서 하나님의 사랑과 긍휼을 전하지 못한다면 그것은 복음이라고 할 수 없을 것이다. 우리에게는 더 많은 열정과 눈물이 필요하다. 이것은 상대를 승복시키기 위해서가 아니라 진리를 따라 살기 위해 필요한 모습이다. 진리와 삶은 따로 놀 수 없는 것이기 때문이다. 진리는 말씀 안에만 갇혀 있는 것이 아니라 구체적 삶으로 드러나야 한다.

큰 그림
보기

우리의 유익

—

"형제들아 내가 당한 일이 도리어 복음 전파에 진전이 된 줄을 너희가 알기를 원하노라 이러므로 나의 매임이 그리스도 안에서 모든 시위대 안과 그 밖의 모든 사람에게 나타났으니"(빌 1:12-13).

바울은 감옥에 갇혔는데 그 일로 형제들은 담대함을 얻어 복음을 전했다고 한다. 갇히는 일은 결코 좋은 일 같지 않은데 말이다. 세상의 가치관으로 보면 바울이 옥에 갇힌 일은 복이 아니다. 그러나 바울은 자기가 겪는 일을 당연한 것으로 여기고 오히려 이 일로 복음이 전파된 것을 기뻐했다. 그리고 이 일을 통해 형제들은 세상과 하나님 나라의 차이를 확인하고 궁극적 승리가 자기들의 것임을 깨닫게 되었다. 그래서 그들은 담대함을 얻었다.

담대함은 스스로 힘을 낸다고 생기는 것이 아니며 가치관이 변했을 때 생긴다. 용기 또한 선천적으로 타고 나는 것이 아니라, 어떤 문제에 직면할 때 변화된 가치관으로 만들어지는 것이다. 그러므로 우리 안에 있는 힘을 모으려고 할 것이 아니라 진리가 무엇인지를 알아야 한다. 진리를 알면 그 앎 자체가 우리에게 담대함과 용기를 줄 것이기 때문이다.

우리가 기도하는 내용은 대부분 고통에서 해방해 달라는 것이다. 교회에서 축복, 평안이라는 단어처럼 오해되는 낱말도 드물 것이다. 우리는 기독교인으로서 복을 갈망하면서도 하나님이 주시는 복이 아닌 세상의 복을 원한다.

그러나 바울의 관점은 다르다. 차원이 훨씬 높다. 그는 건강, 돈, 명예 등을 구하는 것이 무슨 의미인지 파악하고 있었다. 그는 이 세상의 가치는 순간적이지만 하나님의 가치는 영원하다는 것을 알았으며 무엇이 복인지를 알았다. 그래서 바울은 남들이 자기를 괄시해도 그리스도가 전파되니 기쁘다고 했다. 그렇다고 해서 그가 무슨 성인의 경지에 오른 것은 아니다. 다만 그는 무엇이 유익이며 복인지를 알았을 뿐이다.

많은 사람이 기독교를 이타적 종교라고 한다. 이런 표현은 기독교의 본질을 짚어 낸 설명이 아니다. 기독교인은 자기 영혼에 유익이 되는 것이 무엇인지를 아는 사람이다. 우리도 무엇이 유익한 것인지 알아야 한다. 그런데 진리를 모르면 무엇이 유익이며 복인지 모른다. 기독교인으로서 진리를 알고 그에 따라 가치 기준을 바꾸어야 한다.

우리는 자신의 고통에만 민감하고 자기 관점에서만 문제를 바라볼 뿐 하나님의 관점에서 내가 어떻게 하나님에게 사랑받고 있는지를 생각하지 못한다. 무엇이 진정한 복이며 유익인지 알기를 바란다.

우리가 가진 것

—

예수 믿는 자에게는 교만도 없고 좌절도 없다. 하나님은 내가 잘해 나가고 있다고 해서 성공을 주지는 않으신다. 또 하나님은 내가 실수하고 있는데도 유유히 개입하셔서 성공으로 이끌기도 하신다. 우리는 구원의 영역에서는 이를 순순히 인정한다. 그러나 그 이후에는 하나님을 '봉양'하고 살아야 할 것만 같은 생각에 부담스러워 자칫 좌절한다.

다른 이들에게 보란 듯이 내놓을 무언가가 우리에게 있다고 생각하면 오산이다. 목사는 잘나서가 아니라 하나님이 목사를 통해서 하나님의 일을 이루고자 하시기에 목사로 존재하는 것이다. 마찬가지로 청년들이 청년부의 부원인 것은 하나님이 그들을 불러모으셨기 때문이다.

지도자의 위치에 있는 것은 항상 조심스럽다. 그러나 우리 앞에 놓여 있는 현실은, 지도자가 있고 청년들은 지도자의 지도를 받아야 한다는 것이다. 이 순간에도 우리가 얼마나 큰 은혜와 긍휼 속에 있는지를 기억하자. 그렇지 않으면 은혜의 기쁨은 사라지고 하나님의 긍휼하심도 잊어버리게 된다. 우리가 이 자리에 있는 것도 은혜이고 복이다.

누군가가 우리를 치하할 때 우리는 괜히 두려워하고 불안해하지만 그러지 않아도 된다. 우리에게는 그럴 만한 것이 남아 있지 않다. 우리는 자포자기할 수밖에 없는 가장 절망스러운 상황에서 구원을 얻은 자들이다. 우리가 지금 누리고 있는 것은 모두 은혜이고 복일 뿐이다.

더 이상 빼앗길 것이 없다는 데서 신이 난다. 받은 것이 모두 은혜라는 사실에 기쁘다. 지금도 우리는 얼마나 많은 은혜를 받고 있는가? 우리가 받은 복이 어디에서 비롯했으며, 그 복으로 지금 우리는 어디에 있는가? 그 자리를 확인하고 함께 기쁨을 나누고 싶다.

그다음

—

세대교체, 승계 같은 말이 자주 나오는 것은 이제 다음 세대가 오기 때문이다. 앞 세대는 마무리하는 세대이다. 청년들에게 세대의 주역을 넘겨준다는 것은, 분별하고 선택하고 책임지는 일을 그들에게 넘겨주는 것이다. 어른들에게는 노파심이 많다. 앞서 살아 본 자로서 경험한 것을 들려주고 참견하고 싶어 한다. 그게 아니고 이것이다, 하는 식으로 간섭하고 싶어 한다. 그런 어른들이 노파심으로 청년들에게 강요하지 못하게 하려고 내가 존재하는지도 모른다. 나이 든 사람들이 참견하는 것을 막고 있을 테니, 청년들은 해 보고 싶은 것을 다 해 봤으면 한다. 교회가 망해도 괜찮으니 배짱을 두둑히 해 보자.

젊은 세대는 믿음의 유산을 보기만 했을 뿐 그것이 아직 자기 것은 아니라고 생각해 정답을 알아도 정답대로 하기 싫어 한다. 한번 질러 보고 싶은 것이 많다. 그렇다면 다 해 보자. 그래야 배운다. 설명을 잘한다고 아는 것이 아니라 직접 해 봐야 안다. 공을 차 보고, 물에 들어가서 수영을 해 보면 머리로 알 때와는 차원이 다르다는 것을 알게 된다. 하나님은 인류에게 그런 시간을 반복해서 허락하신다. 실력 있는 부모가 아이를 낳는다고 해서, 그 아이를 처음부터 특별한 상태에서 출발하도록 하지 않으신다. 모두 예외 없이 유년기와 사춘기를 보내게 하신다. 그러고 나서 우리는 우리의 실패와 좌절과 후회로도 하나님이 일하신다는 것을 믿게 된다.

청년들이 자기 시대와 나이를 사는 것은 쉽지 않다. 그렇다고 너무 겁내지는 않았으면 좋겠다. 삐지는 것도 괜찮고 싸우는 것도 괜찮다. 다만 도망가지는 말자. 싸우고 난 다음에는 시치미 떼고 다시 마주해야 한다. 돌아다녀 봤자 더 나은 데도 없다. 지금은 감정이 앞서 있고, 경험이 부족해서 실수하거나 어려움이 생기면 도망가고 싶어진다. 하지만 그다음이 있다는 것을, 잘못했지만 그다음, 망했지만 그다음이 있다는 것을 기억하기 바란다.

한밤의 노래

—

하나님은 우리로 밤중에 일어나 하나님을 노래하게 하실 만큼 놀라우신 분이다. 그러나 우리는 하나님의 뜻이 내 바람과 맞을 때에는 밤중에 일어나 기쁨으로 노래하지만, 하나님이 내 의도와 어긋나는 길을 주실 때에는 금세 "아, 하나님이 이러실 수가!" 한다.

진정한 신뢰는 이해가 되지 않을 때도 믿고 따르는 것을 의미한다. 하나님의 계획이 내 요구와 어긋날 때 우리는 당장 알라딘의 요술 램프를 문지르듯 하나님을 소환하고 싶어 한다. 하얀 연기와 함께 마왕이 나타나 "주인님, 부르셨습니까?" 하고 한 상 가득 차려 주면 거하게 먹고 나서 "이쑤시개가 없구나" 하고 곧바로 또 다른 요구를 하기 위해서 말이다.

지금 내 눈에 보기에는 이해하기 어려운 방법으로 인도하실지라도 결국 우리에게 기쁨으로 노래하게 하실 하나님을 기억하고 의뢰하자.

경지

—

테니스같이 승부를 겨루는 운동을 할 때는 누구든 상수한테 도전하는 것이 재미있지 하수와는 경기를 하지 않으려고 한다. 동네 테니스장에 가 보면 거기 나오는 사람들은 서로의 실력을 다 알고 있다. 상수는 하수와 공을 안 쳐 주려고 한다. 이런 일도 있었다. 테니스장에 하수 세 명이 나와 있었다. 보통 아마추어들은 복식으로 경기를 하니까 네 명이 필요한데, 한 명이 부족해서 기다리는 중이었다. 그때 고수가 한 명 나타났다. 하수들은 마음속으로 이제 저 고수가 우리랑 경기해 줄 수밖에 없겠구나, 생각하고 있는데, 그 고수는 테니스장을 쓱 둘러보더니 대뜸 누구에게 전화를 걸어 "야, 아무개야, 빨리 테니스 치러나와. 테니스장에 왔는데 사람이 아무도 없어" 했다고 한다. 이 말이 하수들에게는 얼마나 상처인가.

훌륭한 실력을 가진 선수들은 경기가 끝나고 나면 이렇게 인터뷰한다. 패자는 "오늘은 저에게 참으로 영광스러운 날이었습니다"라고 하고, 승자는 "오늘 저는 상대방

145

에게서 무한한 가능성을 보았습니다"라고 말이다. 승자의 말 뒤에는 사실 이런 말이 숨겨져 있다. '그런데 그때가 언제일지는 모르겠습니다.' 스포츠를 단지 실력을 넘어 예술의 경지로 끌어올린 선수만이 할 수 있는 말이다.

하나님은 우리를 그런 경지로 부르신다. 기술이 아닌 인격의 경지로 우리를 부르시는 것이다. 선택하고 책임지고 멋있는 말을 할 수 있게 되는 자리로 부르시는 것이다. 지금 우리에게는 그 자리가 고통이고 재앙같이 여겨진다. 하지만 우리가 삶에서 고통이라고 이야기하는 것들을 하나님은 고통이 아니라 우리를 '예술적 경지'에 이르게 하는 도구라고 하신다.

테니스장에 가면 자기보다 실력이 한 수 앞선 사람을 만나 경기를 하고 이겨 보려고 애를 쓴다. 그리고 진다. 왜 그렇게 하는가? 배우고, 이기고, 극복해 나가는 것이 우리에게 많은 것을 만들어 내기 때문이다. 하나님은 궁극적으로 우리에게 기술을 습득하게 하시려는 것이 아니다. 우리로 뛰어난 인간성을 갖게 하시려는 것이다.

우리가 당하는 고난과 장애는 우리를 더 높은 수준으로 이끌기 위한 하나님만의 방법이고 조건이라고 이해해야 한다. 많은 사람이 이야기하는, 눈물을 흘려 봐야안다,

슬퍼 봐야 안다, 견뎌 봐야 안다는 말들은 명분으로 그치는 것이 아니다. 실제로 그런 일들은 우리를 완성하시는 하나님의 커다란 지혜이다.

부드러운 마음

—

우리는 예수를 믿은 후에 죄 사함과 영생을 얻는 복을 받았다. 그런데 예수 믿는다는 것을 가장 잘 드러낼 수 있는 표지는 바로 '부드러운 마음'이다.

우리는 예수를 믿은 후에, 악한 세력으로부터 우리를 분리하고자 때로 긴박감에 빠지게 된다. 그래서 어떤 일에 부딪쳤을 때 이것이 하나님이 좋아하시는 일인가 싫어하시는 일인가 서둘러 판단하려고 한다. 그러다가 종종 판단하는 것과 심판하는 것을 혼동하기도 한다. 인생을, 악과 투쟁하는 것이라는 관점에서 바라보면 모든 일을 단칼에 처리할 수밖에 없겠지만, 예수님은 세상에 계실 때 심판하지 않으시고 사랑을 베푸셨다. 마찬가지로 성경도 진리에 정면으로 도전하는 자들에게는 저주와 벌을 내리지만 인간의 약한 부분에 대해서는 용서와 긍휼을 베풀고 있다. 그러니 우리는 어떤 문제를 대할 때 그것이 인간의 약함에 속한 것인지 악함에 속한 것인지를 분간할 수 있어야 한다.

이 둘을 구분할 줄 모르면 함부로 남을 심판하여 싸움을 벌이게 된다. 싸움을 할 때 상대방이 니에게 바리새인이니 사두개인이니 하며 시비하면 그만 화가 나서 "그래, 너는 거룩한 사도이고 나는 바리새인이다. 어쩔래?" 하는 태도를 취하곤 한다. 우리는 상대가 거룩함을 요구하면 거칠어지고, 상대가 약점을 보이면 얼른 심판자가 되어 버린다. 또 이런 질문을 하여 상대를 몰아세우는 사람들도 있다. "당신은 구원을 받았습니까? 받았다면 언제 어디서 어떻게 받았습니까? 정말인가요? 확실해요? 기도는 하루에 얼마나 합니까? 두 시간이라고요? 흠, 그것 갖고 될까요?"

그들은 자기들이 걷고 있는 길 이외의 길이 있다는 것을 인정하지 않는다. 그들이 요구하는 높은 수준은 하나님이 요구하시는 수준이 아니라, 자기들을 높이려고 요구하는 것이 아닌가 싶다. 하지만 내가 예수를 믿는 것은 오로지 하나님의 은혜와 사랑 때문이라는 것을 아는데 어떻게 다른 사람에게 무엇을 요구할 수 있겠는가?

예수를 믿어 새 영을 받은 것은 물론 중요하다. 그러나 '부드러운 마음'을 갖자. 이 마음이야말로 자기 모습을 가장 잘 알고 하나님을 받아들이는 마음이다. 돼지우

149

리 같은 진흙탕에 푹 빠져 있는 것이 우리의 실상이었다. 그런데 하나님이 그런 우리에게 구원과 사랑과 복을 베푸셨다. 이제 우리는 무엇을 보아도 하나님의 사랑과 은혜를 확인하며 기쁨과 감사와 환희가 터져 나올 수밖에 없는 것이다. 그 풍성함 속에 들어와 있기 때문에 누구를 향해서도 이를 갈 필요가 없다.

이것이 부드러운 마음이다. 예수를 믿은 후에는 심판의 눈이 아닌 사랑의 눈을 가져야 한다. 각자 자신의 맨 밑바닥에 칼을 품고 있는지, 사랑을 품고 있는지 점검해 보자.